7 Stufen zu außergewöhnlichem Umgang mit Deinen Finanzen

Mit Gott wahren Überfluss erleben und zum weisen Verwalter werden!

Autor: Dieter DC Conrad

Bibliografische Information der Deutschen Nationalbibliothek:
Die Deutsche Nationalbibliothek verzeichnet diese Publikation in der Deutschen Nationalbibliografie; detaillierte bibliografische Daten sind im Internet über www.dnb.de abrufbar.

Erstauflage! Copyright März 2014: Dieter DC Conrad
www.dc-conrad.com

Herstellung und Verlag: BoD – Books on Demand, Norderstedt
Covergestaltung: Karen Caesar
Korrekturen: Eva Schoch
Korrekturen & Feedback: Freimut Haverkamp
Titel-Foto: Nicole Drüppel
Foto Rückseite: Karen Caesar

ISBN: 9783732299317

Widmung

Ich widme dieses Buch den Pionieren, den Mutigen, den Visionären und den Träumern, die bereit sind ihren Entscheidungen Taten folgen zu lassen!

Ich widme dieses Buch den Menschen, die voller Vertrauen sind und die überall auf der Welt gute Saat säen und nicht nach weltlichen Maßstäben ihr Leben planen und leben.

Ich widme dieses Buch den Menschen, die nicht einfach nur glauben, sondern die felsenfest davon überzeugt sind, daß sie mit Gottes Hilfe ein außergewöhnliches Leben führen können, das anderen Menschen Mut macht ihnen nachzufolgen.

Ich widme dieses Buch den Investoren, die alles investieren, was sie für eine bestimmte Zeit zur Verfügung bekommen haben und die sich für Wachstum & Überfluss einsetzen. Diese Menschen schaffen einen Überfluss an Liebe & Zeit & Resourcen, der anderen Menschen auf diese Weise großzügig dient.

Ich widme dieses Buch dem Chef meines Unternehmens, dem Oberhaupt meiner Familie, dem größten Vorbild aller Zeiten:
Jesus Christus!

Ich danke von Herzen meiner Frau Lili, die so vieles durch ihren liebevollen Einsatz ermöglicht. Ohne sie wäre dieses Buch nie entstanden.

Ganz besonderer Dank gebührt den größten Helden meines Lebens, ohne die ich nie in dieser Form aufgeblüht wäre, wie ich es tun darf. Freimut & Joanna sind nicht nur meine Pastoren, sie sind die Pioniere, die Glaubenden, die Mutigen, die Großzügigen, die Liebevollen, die Investoren, die diese Welt benötigt!

Bibel-Quellen

Folgende Bibel-Übersetzungen kommen in diesem Buch zum Einsatz:

- Schlachter 2000   SLT
- Neue Genfer Übersetzung   NGÜ
- Gute Nachricht Bibel   GNB
- Einheitsübersetzung   EÜ
- Luther 1984   LUT
- Elberfelder Bibel   ELB
- Hoffnung für alle   HFA
- Neues Leben. Die Bibel   NLB

Inhaltsverzeichnis

- **Zum Geleit**

- **Stufe 1: Standortbestimmung**
  Grundausrüstung, Gesetzmäßigkeiten und Rahmenbedingungen

- **Stufe 2: Vision für Dein persönliches Leben**
  …denn ohne Vision kann man kein Ziel erreichen

- **Stufe 3: Plan und Strategie**
  Ein Plan ist der erste aktive Schritt hin zu deinem Ziel!

- **Stufe 4: Budget-Kontrolle und Ausgaben-Disziplin**
  Von der Kunst Wichtiges von Unwichtigem zu unterscheiden

- **Stufe 5: Einnahmensteigerung**
  Von den Möglichkeiten ohne großen Aufwand zusätzliche Einnahmen zu gewinnen

- **Stufe 6: Gottes Weisheit und finanzielle Intelligenz**
  Glück ist, wenn Vorbereitung und Gelegenheit zusammentreffen

- **Stufe 7: Finanzielles Bewusstsein!**
  Mit vollem Gottvertrauen zum guten Verwalter werden!

- **Epilog**

- **Anhang**
  Quellen & Ressourcen, um Dich auszurüsten

Vorwort

Liebe Leserin, lieber Leser,

ich gratuliere Ihnen zur Entscheidung dieses Buch in die Hand genommen zu haben.

Dieses Buch zu <u>verwenden</u> und so wahre finanzielle Intelligenz in Abstimmung mit Gott und seinem Wort im eigenen Leben aufzubauen ist <u>der nächste logische Schritt.</u>

Was bringt uns die Weisheit dieser Welt, wenn wir nicht bereit sind Dinge aktiv in die Hand zu nehmen, die wichtig und sogar existenziell sind? Viel zu viele Menschen begeben sich mangels finanzieller Bildung in eine schwache Position und verharren in dieser. Oft machen sie dabei andere für Ihre Situation verantwortlich.

Unser Umgang mit Finanzen entscheidet darüber, ob wir aufbauend oder zersetzend in diesem Leben tätig sind. Das Beurteilen von finanziellem Erfolg hängt stark von unseren individuellen Werten ab. Wenn Sie zum Beispiel 10.000 € im Monat verdienen und für sich behalten werden andere Urteile über Sie gesprochen, als wenn sie 10.000 € im Monat verdienen und ein Drittel davon spenden. Geld an sich ist nicht mehr und nicht weniger als ein praktisches Tauschmittel.

Über kaum ein anderes Thema wird so oft in der Bibel geschrieben, wie über Finanzen. Dieses Thema scheint Gott somit sehr wichtig zu sein. Wenn wir verstehen, dass er die Kontrolle hat und wir, ausgestattet mit dem freien Willen, die Möglichkeit haben unsere Gaben auf außergewöhnliche Weise zu entfalten, werden wir der Bestimmung gerecht, die Gott für uns vorgesehen hat.

Begeben Sie sich beim Lesen dieses Buches auf eine praxisorientierte Reise, die Gottes Wort und das Vorbild von Jesus Christus im Fokus haben. Lernen Sie durch finanzielles Bewusstsein Gott an erster Stelle zu setzen und nicht das Opfer ihrer eigenen Bewertungen zu sein. Gott bietet uns Überfluss. Dies bedeutet, dass zu anderen etwas überfließt, das wir selbst gar nicht mehr aufnehmen können.

Wenn wir unser Leben lang wachsen und dabei einen Beitrag leisten (dies kann in finanzieller, in zeitlicher und praktischer Hinsicht sein), werden wir ein erfülltes Leben haben.

Führen Sie ein erfülltes Leben?

Ich bete, dass dieses Buch für Sie ein Segen sein darf.

Von Herzen,
DC Conrad

Zur Anrede…
Da dieses Buch für Sie, meine Freunde, geschrieben ist (egal ob ich diese schon kenne oder nicht), kann ich nicht anders als diese mit „DU" anzusprechen. Wenn wir Teil eines Körpers sind, woran ich fest glaube, dann möchte ich kein distanziertes „Sie" in diesem Buch verwenden. Ich hoffe, dass Sie es mir glauben, daß ich größten Respekt vor jedem Mensch, vor Alter, Herkunft, Ausbildung usw. habe. Aus diesem Grund wünsche ich mir mit Ihnen als Leserin bzw. Leser „per Du" zu sein…

• • •

Zum Geleit

Ich will dich segnen und du sollst ein Segen sein.
1.Mose 12,2

Du hast den freien Willen erhalten! Es liegt an Dir, ob Du ein normales, durchschnittliches, ein gewöhnliches Leben lebst oder ob Du ein außergewöhnliches Leben lebst. Es ist Dein freier Wille, ob Du ein Segen für Deine Mitmenschen bist.

Jedoch: Du sollst ein Segen sein!

Die Mitarbeit in diesem Buch wird Dich viele Zehntausende von Euro in Deinem Leben nach vorne bringen können! Manche besonders Begabte (mit besonderen Gaben ausgestattete) sogar Millionen von Euro!

Jedoch nur, wenn Du die echten Spiel-Regeln des Geldes lernst und Dein Handeln an ihnen orientierst…

Es ist Deine Entscheidung!
Bist Du bereit eine Entscheidung zu fällen und aktiv mitzuarbeiten, während Du dieses Buch liest? Bist Du bereit Lektionen mitzunehmen, die Dich erstmal zum Nachdenken anregen?
Bist Du wirklich bereit eine Entscheidung zu fällen, Dich zu entwickeln und füllen zu lassen und Deine bisherige Überzeugungs-Welt zu hinterfragen?

Du musst beginnen Deine Zeit zu investieren und Dich auf Deinen Lohn zu fokussieren, den Du durch Deine Investition erhältst.

Faulheit macht schläfrig, und wer träge ist, muss hungern.
Spr 19,15 GNB

Bitte verstehe es konstruktiv, wenn ich sofort beginne Dich gedanklich zu stretchen. Als RealValue-Coach ist es meine Aufgabe Dich herauszufordern und Dich zu inspirieren Deine Komfortzone zu verlassen.

Lass mich die obenstehende fantastische Bibelstelle aus 1. Moses in die Sprache der Finanz-Welt übertrage:

Ich will in Dich investieren (Dich mit Gaben ausrüsten)
und Du sollst nun selbst investieren!

Erkenne, daß Gott das so gemeint hat, wie ich es interpretiert habe, indem Du folgende Bibelstelle aus der deutschen Einheits-Übersetzung **durcharbeiten** darfst.
Denn ein paar Tausend Jahre später als der Beginn der Bibel (1. Mose) geschrieben wurde, lehrt uns Jesus Christus in Matthäus 25,14-30:

Es ist wie mit einem Mann, der auf Reisen ging:
Er rief seine Diener und vertraute ihnen sein Vermögen an.
Dem einen gab er fünf Talente Silbergeld, einem anderen zwei, wieder einem anderen eines, ***jedem nach seinen Fähigkeiten****. Dann reiste er ab.*

Sofort begann der Diener, der fünf Talente erhalten hatte, mit ihnen zu wirtschaften, und er gewann noch fünf dazu. Ebenso gewann der, der zwei erhalten hatte, noch zwei dazu. Der aber, der das eine Talent erhalten hatte, ging und grub ein Loch in die Erde und versteckte das Geld seines Herrn.
Nach langer Zeit kehrte der Herr zurück, um von den Dienern Rechenschaft zu verlangen. Da kam der, der die fünf Talente erhalten hatte, brachte fünf weitere und sagte: Herr, fünf Talente hast du mir gegeben; sieh her, ich habe noch fünf dazugewonnen.
Sein Herr sagte zu ihm: Sehr gut, du bist ein tüchtiger und **treuer** Diener. Du bist im Kleinen ein treuer **Verwalter** gewesen, ich will dir eine große Aufgabe übertragen. Komm, nimm teil an der Freude deines Herrn!
Dann kam der Diener, der zwei Talente erhalten hatte, und sagte: Herr, du hast mir zwei Talente gegeben; sieh her, ich habe noch zwei dazugewonnen.
Sein Herr sagte zu ihm: Sehr gut, du bist ein tüchtiger und **treuer** Diener. Du bist im Kleinen ein treuer **Verwalter** gewesen, ich will dir eine große Aufgabe übertragen. Komm, nimm teil an der Freude deines Herrn!
Zuletzt kam auch der Diener, der das eine Talent erhalten hatte, und sagte: Herr, ich wusste, dass du ein strenger Mann bist; **du erntest, wo du nicht gesät hast**, und sammelst, wo du nicht ausgestreut hast; weil ich **Angst** hatte, habe ich dein Geld in der Erde **versteckt**. Hier hast du es wieder.
Sein Herr antwortete ihm: Du bist ein **schlechter und fauler** Diener! Du hast doch gewusst, dass ich ernte, wo ich nicht gesät habe, und sammle, wo ich nicht ausgestreut habe. Hät-

test du mein Geld **wenigstens** auf die Bank gebracht, dann hätte ich es bei meiner Rückkehr mit Zinsen zurückerhalten. Darum nehmt ihm das Talent weg und gebt es dem, der die zehn Talente hat!
Denn **wer hat, dem wird gegeben,** und er wird **im Überfluss** haben; wer aber nicht hat, dem wird auch noch weggenommen, was er hat.
Werft den nichtsnutzigen Diener hinaus in die **äußerste Finsternis!** Dort wird er heulen und mit den Zähnen knirschen.

> **Aufgabe**
>
> Bitte lies Dir die Bibelstelle noch ein zweites Mal durch und achte auf die von mir dick hervorgehobenen Worte.

Bist Du heute ein Investor?
Oder hast Du Deine Talente „erstmal" versteckt?

Wie unsicher bist Du in Bezug auf Deine Finanzen?
Ich werde Dir helfen Deine wahren Werte, Deine Talente und Deinen Lohn zu vermehren und Dich mit Gottes Hilfe in eine außergewöhnliche Position führen.

Lasse Dich inspirieren alles zu investieren und nichts mehr zurück zu halten. Egal, ob es um Deine menschlichen Werte oder Deine Geld-Werte geht. Deine Aufgabe ist es, das zu mehren, das Du von Gott anvertraut bekommen hast, um einen Überfluss zu schaffen, durch den andere Menschen gesegnet werden und wachsen können.

Wie viele Menschen sind viel zu beschäftigt damit, ihre Rechnungen zu bezahlen, anstatt ihre Talente zu investieren…

Lerne mit mir anders zu denken und lerne zu Handeln!
Lerne zu investieren!
Lerne Deine Ängste & Emotionen zu erkennen und Herr über diese zu werden!
Lerne ein außergewöhnliches Leben zu leben, indem Du durch finanzielles Bewusstsein einen außergewöhnlichen Umgang mit Deinen Finanzen lebst.

Und am Ende Deiner außergewöhnlichen Story mit Gott, wirst Du hören, daß **Du** „ein guter und treuer Diener" bist…

Stufe I
Standortbestimmung
Grundausrüstung, Gesetzmäßigkeiten und Rahmenbedingungen

Wenn der Herr nicht das Haus baut, so arbeiten umsonst, die daran bauen! Psalm 127,1

Wo stehst Du?
- Welches sind Deine Talente?
- Welche Geschenke hast Du schon in Deinem Leben erhalten?
- Wo befindest Du Dich räumlich?
- Wie sind die Gegebenheiten für Dich aus Sicht Deiner Schulbildung?
- Wie denkst Du über Geld?
- Setzt Du Gott an erster Stelle, wenn es um Deine Finanzen geht?
- Kennst Du die steuerlichen Spielregeln in dem Land, in dem Du lebst?
- Wie beschreibst Du Deine familiäre Prägung in finanzieller Hinsicht?
- Welche Vorbilder beeinflussen Dein Denken?
- Investierst Du in Dich und Deine finanzielle Bildung?

Wo stehst Du genau?

Aufgabe: Nimm Dir bitte 10 Minuten, um diese Fragen kurz zu reflektieren, bevor Du in diesem Kapitel weiterliest.

Wenn Du dieses Buch beginnst zu lesen, möchte ich Dich dort abholen, wo Du gerade stehst. Deswegen bitte ich Dich immer wieder aktiv Fragen zu beantworten, um so in die Tiefe zu gehen. Denn nur, wenn Deine persönlichen Erkenntnisse zu Deinen Offenbarungen werden, wirst Du das Gelernte in die Tat umsetzen.

Der größte Fehler ist, nicht zu investieren!
DC Conrad

Wenn Du handelst und in finanzielle Bildung investierst, wirst Du Dich in folgenden Bereichen noch besser entwickeln können:

- Beziehungen mit Menschen (Ehe, Freunde, Familie, usw.)
- Persönliche Bestimmung entfalten
- Gesundheit
- Beitrag leisten
- Zeit haben
- Wachstum
- Überfluß schaffen
- Freiheit
- Bedeutsamkeit
- Sicherheit
- Einfluss üben
- Liebe entfalten

In welchem der Bereiche möchtest Du ganz besonders aufblühen? Lies bitte die o.g. Begriffe ein zweites Mal durch. Lerne über Dich und lerne, was Dich motiviert.

Stell´ Dir vor, Du wirst auf dem Deck eines Segelschiffs wach. Nacht umgibt Dich. Du weißt, daß Du Dich auf einem riesigen See befindest und das nächste Ufer ist viele Kilometer entfernt. Es gibt keine Navigationstechnik. Du hast zunächst keine Ahnung wo Du Dich befindest, möchtest jedoch so schnell als möglich zum nächsten Hafen…
Ist es intelligent einfach in irgendeine Richtung loszusegeln? Du sagst „Nein"?!
(Warum handeln die meisten Menschen aber genau so, wenn es um Ihre Finanzen geht???) Wenn es nicht klug ist einfach loszusegeln, empfiehlt sich eine Standortbestimmung. Klar! Nun kann man sich an den Sternen orientieren (diese sollte man natürlich kennen…) und man kann auf Sicht z.b. nach einem bekannten Leuchtturm Ausschau halten. Erst wenn wir einigermaßen wissen, wo wir uns befinden, ist es schlau sich auf den Weg zu begeben.

Auf unser Leben übertragen:
Wer sind Deine Sterne? Wer ist Dein Leuchtturm? Sind Deine Sterne wirklich objektiv für Dich? Genügt es zwei oder drei Sterne zu kennen, um eine Standortbestimmung durchzuführen?
Nein, es genügt nicht! Außerdem gibt es für die See-Navigation gerade mal vier sog. navigationstaugliche Sterne. Das heißt nicht jeder Stern in Deinem Leben, der sich mit seinem Rat und seiner Sichtweise anbietet, ist ein guter Ratgeber für Dich! Er muss navigationstauglich sein! Das bedeutet, nur wenn sich jemand in einem Bereich als Vorbild durch erfolgreiche Taten bewährt hat, kann er Dir einen Rat geben.

Im Gegensatz zu den Sternen ist unser Leuchtturm Jesus. Er ist das berühmteste Vorbild aller Zeiten! Viele seiner Gleichnisse beziehen sich in direkter und indirekter Weise auf unseren Umgang mit Geld.

> *„Wo Dein Schatz ist, ist auch Dein Herz…".*
> Matthäus 6,21

Gott ist der Umgang mit unseren Finanzen sehr wichtig!

Bibelstudenten haben in einer Studie ermittelt, daß in der Bibel in über 2350 Versen von Geld gesprochen wird. Im Vergleich dazu geht es in etwa 500 Versen über das Gebet und in 500 weiteren über den Glauben. Diese 2350 Verse berichten vom Investieren, vom Ausgeben, vom Sparen, vom Geldverdienen und vom Verwenden.
Laut dieser Studie beziehen sich 15% aller Aussagen von Jesus auf Geld & Besitz und von den 38 Gleichnissen handeln 16 vom Geld! (Quelle: Biblical Finance, Mark Lloydbottom).

Jedoch war es nicht das Lieblingsthema von Jesus. <u>Sein Lieblingsthema ist das Reich Gottes.</u> Und deswegen soll es auch in diesem Buch nur sekundär um Finanzen gehen, sondern primär um SEIN REICH! Es geht um das Prinzip des Ersten und es geht um das Prinzip des „Vorbildhaften Handelns"! Es geht darum, ob Du bereit bist ein treuer Verwalter, dessen zu sein, was Du von Gott anvertraut bekamst, ob Du es investierst oder ob Du es ängstlich vergräbst und verbirgst.

Frage:
Bist Du motiviert außerhalb des Gewöhnlichen zu leben?

> *Meine Aufgabe ist es, ans Licht zu bringen und deutlich zu machen, was Gott, der alle Dinge überhaupt erst geschaffen hat, im Geheimen hinter den Kulissen die ganze Zeit getan hat. Durch Jünger Jesu wie euch, die zu den Gemeinden gehören, soll dieser **außergewöhnliche** Plan Gottes bekannt gemacht werden und sogar unter den Engeln für Gesprächsstoff sorgen!*
> *Eph. 3,9-10 (The Message Bible, aus dem Engl.)*

„Durch Jünger Jesu, wie Euch, die zu den Gemeinden gehören,..". Du weißt schon, wen er da meint, hoffe ich… ☺

Lass mich Dich an dieser Stelle motivieren ganz sachlich Deine Standortbestimmung zu vollziehen, Deine Einstellung zum Geld zu hinterfragen und jegliche negative Überzeugungen in Bezug auf das Geld zur Seite zu legen, die allgemeingültigen Gesetzmäßigkeiten zu kennen und Deine individuellen Rahmenbedingungen zu respektieren.
Du bist in der Lage ein außergewöhnliches Leben zu leben. Dafür wurdest Du geschaffen! Die Basis für Deinen Lebenserfolg ist Dank und der Blick auf Gott, der diese Gesetzmäßigkeiten geschaffen hat, um uns, mit dem freien Willen ausgestattet, zu schulen, uns aus freien Stücken für IHN zu entscheiden. Immer wieder neu!

Willst Du diese <u>Gesetzmäßigkeiten</u> (Ordnungen) kennenlernen? Dafür musst Du Dir im Klaren sein, was genau eine Gesetzmäßigkeit ist. Eine **Gesetzmäßigkeit** ist allgemeingültig. Sie gilt für alle gleichermaßen und sie ist beliebig oft verifizierbar.

Im Gegensatz dazu: **Rahmenbedingungen!** Sie sind individuell änderbar, wie z.b. ein Gesetz eines Staates. Man muss sich daran halten, solange man sich in dem jeweiligen Land aufhält. Sie können nicht von Staat zu Staat geändert werden.

Einfache Beispiele für Gesetzmäßigkeiten:
- Der Wechsel von Tag & Nacht
- Nach einatmen kommt ausatmen
- Nach Anspannung kommt Entspannung
- Physikalische Gesetzmäßigkeiten (z.b. irdische Schwerkraft, Magnetismus, Fliehkraft usw.)
- Polarität (wie schon oben erwähnt): z.b. Kalt & heiß, Sommer & Winter, wahr & unwahr usw.

Von nun an, alle Tage der Erde, sollen nicht aufhören
Saat und Ernte, Frost und Hitze,
Sommer und Winter, Tag und Nacht.
1. Moses, 8,22

Saat & Ernte: Gesetzmäßigkeit oder Rahmenbedingung?
Ist für Dich der Begriff „Saat & Ernte" auch eine Gesetzmäßigkeit? Wenn Du sie von der Natur her kennst, sollte es für Dich eine Erkenntnis darstellen. Wie ist es jedoch in Deinem eigenen Leben? Bist Du Dir bewusst darüber, wie oft Du täglich säst oder säen könntest und es jedoch unterlässt?

> **Aufgabe**
>
> Lehne Dich entspannt zurück und denke aktiv darüber nach, ob Du diese Gesetzmäßigkeit offensiv zum Einsatz bringst oder ob Du eher passiv vorgehst?

Man kann Streit säen und Sturm ernten, man kann Gutes säen und Segen ernten, man kann schlechte Saat ausbringen oder gute. Es liegt an Dir!
Du bist für das Säen verantwortlich! Das Saatgut an sich ist ein Wunder Gottes.
Du kannst den Same nicht ändern. Du ahnst oft nicht, ob der Samen in Deiner Hand einen Baum oder eine Blume hervorbringt. Was Du säst, wirst Du ernten…

Du kannst jedoch die Rahmenbedingungen dafür schaffen, daß der Same aufgeht…
Das liegt in Deiner Hand als Verwalter, als der der Gaben & Talente geliehen bekommt. Du bist verantwortlich für die

Pflege des Bodens, den Zeitpunkt der Aussaat, das Wässern, das Hegen und Pflegen der Pflanzen.

Und Jesus sprach: Mit dem Reich Gottes ist es so, wie wenn ein Mensch den Samen auf das Land wirft und schläft und aufsteht, Nacht und Tag, und der Same sprießt hervor und wächst, er weiß selbst nicht wie. Die Erde bringt von selbst Frucht hervor, zuerst Gras, dann eine Ähre, dann voller Weizen in der Ähre. Wenn aber die Frucht es zulässt, so schickt er zugleich die Sichel, denn die Ernte ist da.
Markus 4,26-29

Saat & Ernte ist eine gottgegebene Gesetzmäßigkeit der Vermehrung!
Genauso wie das Wort Gottes wahr ist und die Versprechen darin Gesetzmäßigkeiten sind.
Ob Du die Gesetzmäßigkeiten ignorierst oder nicht, hat keinerlei Einfluss auf deren Gültigkeit!

Was bedeutet das in Bezug auf Deinen Umgang mit Deinen Gaben und Deinen Finanzen? Ignorierst Du diese Gesetzmäßigkeiten? Nutzt Du diese offensiv? Investierst Du Dein Wissen und Deine Gaben? Glaubst Du wirklich?

Hast Du Dich mit den Rahmenbedingungen für Deine Finanzen beschäftigt und hast Verantwortung übernommen, indem Du Dich weiterbildest und ausrüstest?

Bist Du in der Lage erfolgreich zu säen oder würde dein gutes Saatgut nicht sprießen können, weil es auf harten Boden fällt?
Schau auf Gott und beschäftige Dich mit seinen Versprechen. Sie sind wahr!
Akzeptiere sie als Gesetzmäßigkeit.

Es gibt ein „Prinzip des Ersten". Pastor Robert Morris hat dieses Prinzip in einer seiner Predigten wundervoll erläutert.

Beim „Prinzip des Ersten" geht es darum, was Gott sich von uns wünscht. Er will unsere Nummer 1 sein und ER wünscht sich seinen ersten Teil von dem als Gabe zurück, was er uns geschenkt hat. Dies ist mehr als ein symbolischer Akt, denn auch hier kommen seine Gesetzmäßigkeiten zur Wirkung. Es geht um unser Vertrauen zu ihm und es geht um seinen Test für uns, ob wir in einer Welt des Materiellen nicht das Materielle an erster Stelle setzen, sondern ihn.

Fakt ist, daß Gott uns das Versprechen gegeben hat, für all unsere Nöte zu sorgen, wenn wir ihn mit allem was wir haben wertschätzen. Er fordert uns sogar heraus ihn zu prüfen (was es nur ein einziges Mal in der Bibel gibt!):

> **Denkanstoß**
>
> Wie stark ist Dein Glaube? Wie groß glaubst Du? Glaubst Du, daß seine Versprechen wahr sind oder stellst Du sie in Frage?

*Ich, der allmächtige Gott,
fordere euch nun auf:
Bringt den zehnten Teil eurer Ernte in vollem Umfang
zu meinem Tempel,
damit in den Vorratsräumen kein Mangel herrscht!
Stellt mich doch auf die Probe, und seht,
ob ich meine Zusage halte!
Denn ich verspreche euch, daß ich dann die Schleusen des
Himmels wieder öffne
und euch mit allem überreich beschenke.*
Maleachi, 3,10 HFA

Das Geben des zehnten Teils ist also, wie wenn man das Saatgut loslässt, statt es zu verbergen. König David sagte:

„Denn was bin ich? Was ist mein Volk, dass wir freiwillig so viel zu geben vermochten? Von dir ist alles gekommen und von Deiner Hand haben wir dir es gegeben."
1.Chronik 29,14

Gott hat dieses Versprechen gegeben, daß Du Dein Herz nicht selbstsüchtig an das Geld verschenkst, sondern es auf Gott ausrichtest und so die Möglichkeit nutzt ein außergewöhnliches Leben zu leben. Bist Du bereit zu investieren?!

Für all diejenigen, die nun überlegen, wieviel der zehnte Teil genau ist:
Es sind, so wie ich die Bibel lese und mein Handeln danach ausrichte, 10% von Deinem Haushalts-Brutto-Einkommen.

Das heißt vor Abzug der Steuern, inkl. Kindergeld und allem drum und dran! Gott wünscht sich den <u>ersten</u> zehnten Teil… Für alle Angestellten, die das jetzt überlesen haben: Auch wenn Du von Deinem Arbeitgeber einen Lohn nach Abzug der Steuern und Sozialabgaben ausbezahlt bekommst, wünscht sich Gott 10% von Deinem Brutto-Einkommen.

Warum habt Ihr Angst? Ist euer Glaube denn so klein?
Matth. 8,26

Du willst reich ernten? Dann säe so wie es Dir Dein Mentor beibringt. Dein Mentor ist Gott höchstpersönlich…

Wo stehst Du finanziell? Wie lauten Deine Rahmenbedingungen und Gesetzmäßigkeiten?
Dieser Teil kann Dich massiv in vielen Lebensbereichen weiterbringen. Nicht nur in Deinen Finanzen. Dies kann das Fundament für Deinen Über-Fluss, für Deinen Wohlstand, für die Entfaltung Deiner Bestimmung bilden.

Denkanstoß

Nimm´ Dir einen Moment und überlege, ob Du Gottes Wunsch wirklich umsetzt. Zum zehnten Teil gehören nicht: Spenden, Trinkgeld, Kinder-Patenschaften usw.

Aufgabe

Du fertigst nun Deine persönliche Standortbestimmung an! Nimm Dir bitte für den nachfolgenden Teil bewusst eine Auszeit, bevor Du das nächste Kapitel beginnst zu lesen.

Nimm Dir alle Zeit, die Du dafür brauchst, um so nicht nur vorbildhaft zu planen, sondern um vorbildhaft handeln zu können.

<u>Verpasse bitte die Chance nicht diesen praxisorientierten Teil für Dich und Dein Leben mit Gott auszuarbeiten.</u>

(Frage an all diejenigen die diesen Teil trotz meiner Empfehlung erstmal überspringen wollen und weiterlesen:
Warum investieren die meisten Menschen mehr Zeit in das Planen des nächsten Urlaubs oder in die Anschaffung des nächsten Autos, statt wenigstens die gleiche Zeit mit der Planung ihrer finanziellen Zukunft zu verbringen?)

- Notiere Dir bitte alle Fakten und Eingebungen, die Dich persönlich und Deine aktuelle Situation finanziell beeinflussen.
- Notiere sachlich Deine familiäre Situation
- Mach Dir Notizen über Deine Eltern und deren Einstellung zum Geld.
- Notiere die Überzeugungen in Bezug auf Finanzen, von den Menschen, die Dir sehr nahestehen.
- Notiere welche Menschen Du kennst, die beruflich und familiär und finanziell erfolgreich sind <u>und</u> die im Glauben stehen.

- Notiere welche Werke Du in den letzten 2 Jahren gelesen oder angesehen hast, die Dich in Bezug auf Finanzen weitergebildet haben.
- Welche finanziellen Rahmenbedingungen sind Dir bekannt? Von wem könntest Du weitere lernen?
- Wie lauten die Gesetzmäßigkeiten (Ordnungen), die Du schon offensiv angewandt hast?
- Welche finanziellen Fehler hast Du in der Vergangenheit gemacht, die Du nicht wiederholen willst.
- Welche finanziellen Schritte haben Dir in den letzten zwei Jahren Segen gebracht?
- Was waren Deine persönlichen Highlights (allgemein), die Dir das Gefühl von einem Leben mit Bestimmung gegeben haben?
- Falls Du sparst, ist es eher „horten" oder ist es sparen mit einem Ziel?
- Welche Schulden hast Du aufgenommen? Welche waren sinnvoll, welche nicht? Hast Du sie zurückbezahlt?
- Welche Predigt (Thema) oder welche Bibelstelle haben Dich wirklich berührt?

Raum für Notizen

_____

_____

Während Du die o.g. Fragen für Dich beantwortet hast, wurde Dir so manches bewusst. Gott kann sich Dir auch während einer solchen Ausarbeitung offenbaren… Wenn Du von Dir selbst sagst, daß Du keine Beziehung zu ihm hast, liegt es an Dir, den einen nächsten Schritt zu tun.

Und ihr werdet mich suchen und finden, denn ihr werdet nach mir fragen mit eurem ganzen Herzen und ich werde mich von euch finden lasse, spricht Jehova.
Jeremia 29, 11-14

Suche Dir eine aktive lebendige Kirchengemeinde, bei der Jesus im Mittelpunkt steht. Lerne dort ein paar nette Menschen kennen und hab´ mit Ihnen Gemeinschaft. Jesus wird dann den nächsten Schritt auf Dich zu tun…

Wenn Du IHN suchst, wird er sich von Dir finden lassen
1.Chronik, 28:9

Hinweis: In meinen Seminaren zum Thema „Finanzielle Bildung" gehe ich tiefer auf das Thema „Standortbestimmung" ein und zeige Dir Möglichkeiten auf, die Dir Mut machen werden außergewöhnlich zu denken und zu geben. Die nächsten Seminartermine findest Du auf meiner Website: www.dc-conrad.com

Stufe 2
Vision für dein persönliches Leben
…denn ohne Vision kann man kein Ziel erreichen

Gratulation! Du hast die Basis für eine spannende Reise geschaffen. Du weißt nun wo Du Dich befindest und hast Standortbestimmung gemacht. Du kennst Deine Rahmenbedingungen und Grenzen. Du weißt mit welchen Gesetzmäßigkeiten Du auf Deiner Reise leben wirst und daß Du Dir diese zu Nutzen machen darfst. Du weißt, daß es möglich ist ein außergewöhnliches Leben zu leben und daß Du Dir Ziele stecken darfst, die weit außerhalb dessen sind, was wir uns vorstellen können.

Kein Auge hat je gesehen, kein Ohr hat je gehört und kein Verstand hat je erdacht,
was Gott für diejenigen bereithält, die ihn lieben.
1.Korinther 2,9

Bleiben wir bei dem Bild des Segelschiffs, auf dem Du Dich befindest:
Du hast Dir klar gemacht, wo Dein tatsächlicher Standort ist. Du hast Dich an Sternen, am Leuchtturm oder an anderen Faktoren orientiert. Aus finanzieller Sicht betrachtet, hast Du Kassensturz gemacht, kennst Einnahmen & Ausgaben, Deine Überzeugungen in Bezug auf Geld, weißt wohin Dich Deine Ausbildung finanziell bringen kann usw. Du hast Dich mit der IST-Situation auseinandergesetzt.

Diese weiter zu bewerten oder Dich gar selbst zu verurteilen, wird Deine Situation nicht verändern. Es ist wie es ist. Und genau so IST es für jeden.

Oder willst Du tatsächlich bewerten, ob Schiffe, die auf einem riesigen See verstreut vor Anker liegen eine bessere Position als die anderen Schiffe haben? Es kommt doch gänzlich auf deren <u>Ziele</u> an, die sie erreichen wollen…

Ob diese vielen Schiffe ihre Ziele erreichen, hängt u.a. von folgenden Faktoren ab:

- Bleiben sie vor Anker liegen oder setzen sie sich in Bewegung (Handeln!)?
- Kennen die Segler sich mit dem Segeln gut aus oder sind sie Anfänger?
- Haben die Segler Unterstützung an Bord oder segeln sie allein?
- Bleiben die Segler ruhig, wenn Sturm aufkommt und sind bereit den Kurs zu ändern, um nicht zu Schaden zu kommen?
- Wie reagiert der Segler auf unvorhersehbare Ereignisse, wie Änderung der Windrichtung, Wellengang oder den eigenen Weg kreuzende Schiffe?
- Sind die Segler bereit regelmäßig ihren Standort neu zu bestimmen?
- Haben die Segler das Vertrauen (Glauben), daß sie ihr Ziel tatsächlich erreichen können?

- Sind die Segler bereit Kurskorrekturen (Feinjustierung) vorzunehmen, wenn sich neue Erkenntnisse ergeben?
- Sind die Segler bereit das Ziel auf der Reise zu ändern, wenn der Besitzer des Bootes (der ihnen das Segelschiff geliehen hat) sie bittet, ein neues Ziel anzusteuern?

Ziemlich ähnlich verhält es sich mit Deiner Reise durch das Leben, wenn es um Deine Finanzen geht.
Zu simpel aus Deiner Sicht? In der Einfachheit eines Bildes liegt die Kraft, Dich voranzubringen.
Worauf kommt es, auf das Wesentliche reduziert, für Dich an?

Darauf kommt es an:
1. Standortbestimmung
2. Zielbestimmung
3. Handeln… den einen nächsten Schritt machen!

Du willst mehr Kontrolle haben? Du willst alles perfekt planen? Du willst das Risiko auf das Minimum reduzieren?

Siehe, auch die Schiffe, so groß sie sind
und so raue Winde sie auch treiben mögen,
werden von einem ganz kleinen Steuerruder gelenkt,
wohin die feste Hand des Steuermannes es haben will.
Jakobus 3:4

Aufgabe

\>>> Nimm Dir fünf Minuten und frage Dich, wie groß Dein Vertrauen in Gott und seine Führung ist. Glaubst Du, daß er Dich leiten will, um Dich zu Deiner Bestimmung zu führen? Versuchst Du ihn zu hören? Liest Du SEIN Wort? Denkst Du, daß es möglich ist, daß er Dir Menschen auf Deinen Weg sendet? Bist Du bereit Kontrolle abzugeben und Gott als Leiter zu akzeptieren, der Dir den Weg weist, weil er im Gegensatz zu Dir den zeitlichen und räumlichen und sachlichen Überblick hat?
Wer ist der Steuermann in Deinem Leben?

Lerne Vertrauen zu haben. Fürchte nicht, daß Du belächelt wirst, wenn Du groß denkst oder vermeintlich unlogische Sachen machst und mutige Entscheidungen fällst.

Du hast den freien Willen erhalten und wenn Dein Blick auf Gott gerichtet ist und Du Dich für ein außergewöhnliches Leben, finanzielle Freiheit oder was auch immer entschieden hast, wirst Du Gottes Unterstützung erhalten. Er liebt es, wenn Du Dein Licht strahlen lässt und nicht voller Sorge, verängstigt, verhalten durch das Leben trippelst.

Er liebt es, wenn Du ihn bittest Dir zu offenbaren, was Du als Nächstes tun sollst und Du ihm hilfst durch Dein Leben Großes zu bewirken!

Und noch etwas sage ich euch:
Wenn zwei oder drei von euch hier auf der Erde darin eins werden, um etwas zu bitten - was immer es auch sei - dann wird es ihnen von meinem Vater im Himmel gegeben werden. Denn wo zwei oder drei in meinem Namen versammelt sind, da bin ich in ihrer Mitte.
Matthäus 18,19-20 NGÜ

Was ist Deine Vision für Dein Leben? Wie beschreibst Du Deine finanziellen Ziele?

Lass´ mich Dich bitte ein wenig inspirieren, bevor Du den nächsten Praxis-Teil schriftlich ausarbeitest:
Geld hat die Macht Deinen Charakter zu verderben und die Liebe zum Geld kann die Wurzel allen Übels sein. Da sind wir uns vermutlich einig. Was denkst Du jedoch, wenn ich hinzufüge, daß der Mangel an Geld auch die Wurzel allen Übels ist? Wie verläuft Dein Leben, wenn Du durch Deinen Gelderwerb zu wenig Zeit mit Deinem Ehepartner, Deinen Kindern oder Deinen Freunden verbringst? Wieviel gesunde Ernährung kannst Du Dir leisten, wenn es an Geld mangelt? Wieviel kannst Du in Weiterbildung investieren, wenn Du nicht sparen kannst? Wie verläuft Dein Leben, wenn Du Schichtdienst, z.B. auch sonntags, leisten musst? Wieviel Zeit hast Du für Dich und Deine Beziehung mit Jesus, wenn Dein Arbeitstag sehr lange ist? Hörst Du vor lauter Fremdbestimmtheit und Lärm der Welt noch die Stimme Gottes, wenn Du gezwungen bist, Deinen Fokus auf den Job zu lenken? Wieviel kannst Du geben, wenn es Dir selbst nicht rosig

geht? Wieviel Zeit & Geld kannst Du anderen Menschen schenken, wenn Du im Hamsterrad des Geldverdienens strampelst? Wieviel Zeit hast Du für Deine Eltern, wenn sie älter geworden sind und sich über Deinen Besuch freuen würden? Wie sieht es mit medizinischer Versorgung Deiner Lieben aus, wenn Du mehr Geld zur Verfügung hast?

The love of money is the root of all evil!
The lack of money is the root of all evil!
Die Liebe zum Geld ist die Wurzel allen Übels!
Der Mangel an Geld ist die Wurzel allen Übels!
Robert Kiyosaki

Aufgabe

Wie sähe Dein Leben aus, wenn Du mit Finanzen gesegnet bist, diese aber keine Macht über Dich haben, weil Du sie als Ressource (lat.: Quelle!) betrachtest?

„Eine Ressource ist ein Mittel, um eine Handlung zu tätigen oder einen Vorgang ablaufen zu lassen" (Wikipedia).

Eine gute Charakterschule im Umgang mit Geld ist das Geben. Deswegen ist das Geben, neben dem Beten und Fasten eines der wichtigsten Werkzeuge…

Wie sähe Dein Leben aus, wenn Du mit Finanzen gesegnet bist?

Stell´ Dir eine Familie vor, die sich an den Händen hält und gemeinsam nach oben zu Jesus blickt. Diese <u>Familie steht in der Mitte</u> und alles, was die Familie umgibt, dient dieser Familie und ihrer Bestimmung: Geld, Beziehungen, Dienen, Geben, Investieren u.v.m. Das ist das Bild eines selbstbestimmten Lebens, das auf Gott ausgerichtet ist.

Wie sieht jedoch das Lebensmodell der großen Mehrheit der Menschheit aus?
Der Job (Gelderwerb) steht in der Mitte und alles dient dem Gelderwerb: Eltern, Kinder (die auf ihre Eltern verzichten müssen, wenn diese bei der Arbeit sind), Investieren und für manche sogar das Geben, wenn sie es aus Berechnung heraus machen und die Gesetzmäßigkeit von Saat & Ernte kennen.
Zu krass für Dich? Denk´ mal darüber nach…

Die Frage ist: Wem diene ich?

Ein Mensch kann nicht zwei Herren dienen.
Er wird dem einen ergeben sein und den anderen abweisen.
Für den einen wird er sich ganz einsetzen und den anderen wird er verachten.
Ihr könnt nicht Gott dienen und zugleich dem Mammon.
Matthäus, 6,24 NGÜ

Und jetzt kommt die herausfordernde Bibelstelle schlechthin, in Bezug auf Finanzen und Deine gottgegebene Aufgabe, wie Du damit umgehen sollst:

Darum sage ich Euch:
Macht Euch Freunde mit dem Mammon,
an dem so viel Unrecht haftet, damit ihr, wenn es keinen Mammon mehr gibt,
in die ewigen Wohnungen aufgenommen werdet.
Wer in den kleinsten Dingen treu ist, ist auch in den großen treu, und wer in den kleinsten Dingen nicht treu ist, ist auch in den großen nicht treu.
Wenn ihr also im Umgang mit dem unrechten Mammon nicht treu seid,
wer wird euch dann das wahre Gut anvertrauen? Wenn ihr das nicht treu verwaltet, was euch doch gar nicht gehört, wer wird euch dann euer wahres Eigentum geben?
Lukas 16,9-12 NGÜ

Du bist der Verwalter, den Gott eingesetzt hat. Du bist der Haushalter, der Diener…
Es ist möglich, mit Geld weise umzugehen und es gut zu verwalten. Dein Umgang mit dieser Prüfung entscheidet, ob Dir Größeres anvertraut werden wird.

Geld ist ungerecht (unrechter Mammon). Das bedeutet: es ist nicht fair! Sei Dir bitte darüber bewusst, wenn Du Dich und Deine Situation betrachtest. Es ist nicht fair!
Und doch heißt es: „Macht euch Freunde mit dem Mammon… Ohne Vision kann man kein Ziel erreichen. Ohne Ziel kann man nicht den einen nächsten Schritt vollziehen.

Wenn Du Deine Vision (oder die grundsätzliche Richtung) zu Papier gebracht hast, ahnst Du wo Dein Ziel ist.

Nur wenn Du ein Ziel hast, kannst Du dieses mit einer bestimmten Strategie und Deinem persönlichen Plan erreichen. Entscheidend ist, ob Du bereit bist, Dich auf die Reise zu begeben und loszusegeln. Bist Du bereit?

Aufgabe

Nimm´ Dir bitte ein Blatt Papier und beginne Deine Vision für Dein persönliches Leben bzw. Deine finanzielle Zukunft aufzuschreiben.

Gerne kannst Du Dir auch Skizzen anfertigen. Lass´ Deiner Phantasie freien Lauf, nachdem Du im Gebet um Führung bei dieser Aufgabe gebeten hast.

Deine Vision wird nicht im Rahmen einer kleinen Aufgabe kurz zu Papier zu bringen sein, es ist ein längerer Prozess...

Stufe 3
Plan und Strategie
…ein Plan ist der erste aktive Schritt hin zu deinem Ziel!

Vielen Dank liebe Leserinnen und Leser, daß Ihr Euch bis hierhin vorgearbeitet habt. Die ersten beiden Kapitel sind existentiell wichtig gewesen, wenn wir nicht einfach nur erfolgreich mit Geld umgehen wollen, sondern das größere Bild haben wollen. Dieses benötigen wir, um nicht so leicht angreifbar auf unserer Reise zu sein. Wenn Deine finanzielle Lebens-Reise auf unerschütterlichem Glauben, auf Überzeugungen, auf tiefem Vertrauen zu Gott und Deiner Sehnsucht begründet ist, Deine Bestimmung zu entfalten und ein Leben außerhalb des Gewöhnlichen zu leben, erkennst Du, daß es Gnade ist, jetzt zu leben und mitgestalten zu dürfen.

Ich möchte Dir aufrichtig helfen, Deine Vision von einem finanziell gesunden Leben umzusetzen. Dafür benötigst Du eine Strategie. Denn abhängig von Deinen Rahmenbedingungen kann der Plan zur finanziellen Gesundheit von Person zu Person sehr unterschiedlich sein. Wenn wir alle nur auf Basis der Gesetzmäßigkeiten agierten und alle die identische Ausgangsposition hätten, könnte man sehr leicht und pauschal „kluge" Ratschläge geben, wie es bei manchen Finanzkursen und Finanzbüchern der Fall ist. Ich habe da eher das Bild eines Maßschneiders im Kopf, der respektvoll Maß nimmt, Deine Ist-Situation protokolliert und dann, gut bedacht, ein schönes Kleid oder einen edlen Anzug für Dich schneidert, welches Deinen Bedürfnissen entspricht.

Du benötigst eine Strategie um ans Ziel zu kommen!
Strategie (von strategos, altgriech.: Kommandant) ist ein <u>längerfristig</u> ausgerichtetes Anstreben eines <u>Ziels</u> unter Berücksichtigung der <u>verfügbaren Mittel</u> und <u>Ressourcen</u>.

Um Dich möglichst effizient Richtung Ziel zu bringen, empfehle ich Dir eine Strategie, die ich zunächst in Stichworten zusammenstelle und dann detailliert erläutere.

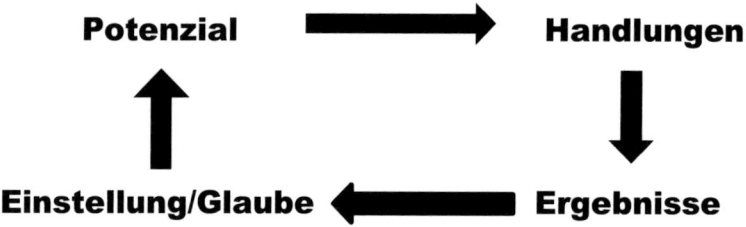

<u>Bildunterschrift:</u>
Deine Einstellung kann sich positiv auf Dein Potenzial (Möglichkeiten) auswirken. Wenn sich Dein Potenzial vergrößert, wird das einen positiven Einfluss auf Deine Handlungen haben.
Wenn Dein Handeln erfolgreicher wird, stärkt das Deinen Glaube (Einstellung). Wenn sich der Glaube an Deinen möglichen Erfolg vergrößert, kannst Du Dein Potenzial besser entfalten, usw.

In Bezug auf Deine Finanzen bedeutet dies, daß Du mit der richtigen Einstellung Deine Spar- und Investitions-Potenziale beeinflusst. Mit diesen kannst Du Entscheidungen fällen, die sicherer sind und diese erhöhte Aktivität (Handlungen) wird die Ergebnisse positiv beeinflussen, was wiederum Deine Einstellung verbessert, weiter Dein Spar- und Investitions-Potenziale zu nutzen.

Werkzeuge, um sich leichter im Erfolgskreislauf zu bewegen:
- Gebet
- Der Willen zu wachsen
- Vorbildhaftes Handeln
- Die Fähigkeit echte Entscheidungen zu fällen
- Gemeinschaft (Austausch mit Gleichgesinnten)
- Regelmäßige Standortbestimmung
- Teilerfolge dankbar feiern
- Das Gelernte Simulieren und dann in die Tat umsetzen
- Etwas wagen (investieren), statt ängstlich zu sein
- Finanzielle Bildung
- Systematischer Wissensaufbau
- Mentoring/Coaching
- Leben in Deine Situation sprechen

Vorbildhaftes Handeln
Auf Deinem Weg hilft es Dir, Dich an Vorbildern und deren bewährten Handlungsweisen zu orientieren. Das erspart enorm Zeit und ist weniger kraftaufwändig… Du kannst nahezu jede Denkweise und Handlung nachmodellieren. Wähle jedoch weise, wer Dich beeinflussen darf. Denn alles womit Du Dich auseinandersetzt, wird einen Einfluss auf Dich haben.

Wenn Jesus eines Deiner Vorbilder ist, beschäftige Dich mit seinem Leben und handle entsprechend seinem Vorbild. Das ist vorbildhaftes Handeln. Wenn er täglich betet und Gemeinschaft mit Gott sucht, folge ihm nach. Wenn er großzügig, vergebend, mitfühlend, hilfsbereit usw. ist: Mache es ihm nach! Wenn er Dir Gleichnisse in Bezug auf Finanzen gibt, beschäftige Dich mit diesen Schriften und versuche zu verstehen, was er Dir persönlich dadurch sagt.

Wenn es berühmte Investoren und Geschäftsleute gibt, von denen Du lernen kannst, wie die Spielregeln (Rahmenbedingungen!) dieser westlichen Wirtschaftswelt sind, setze Dich mit deren Werken, Büchern, Videos usw. auseinander.

Tausche Dich mit Menschen aus, die schon etwas weiter auf ihrem Weg sind und die mehr Verantwortung in finanziellen Dingen tragen, als Du es tust. Frage sie was du tun solltest, um Dich effizient weiterzuentwickeln.

Recherchiere nach erfolgreichen Geschäftsleuten, die gleichzeitig große Geber sind und lerne von Ihren Zeugnissen. Sie werden Dir Mut machen und Dich anspornen!

Echte Entscheidungen

Lerne von diesen Vorbildern, was es bedeutet echte Entscheidungen zu fällen und Verantwortung für diese Entscheidungen zu übernehmen. Wenn Du etwas planst und nicht den einen nächsten Schritt hin zum Ziel machst, hast Du keine echte Entscheidung gefällt zu wachsen und Dich

weiterzuentwickeln. Es kann drei Gründe geben, weshalb man keine echten Entscheidungen fällt:
Man ist arrogant, man hat Angst oder man ist faul!

Gemeinschaft

Nutze die Kraft & Dynamik einer kleinen Gruppe von Gleichgesinnten! Tausche Dich regelmäßig mit ihnen aus. Mach mit ihnen zusammen Standortbestimmung, berichte über Erfolge und Fehler, bzw. was Du daraus gelernt hast. Macht Euch gegenseitig Mut und unterstützt Euch aufrichtig. Wenn Du Erfolge zu feiern hast, halte inne und feiere sie in Dankbarkeit.

Finanzielle Bildung

Lerne die finanziellen Spielregeln dieser Welt besser kennen. Betreibe Deinen Wissensaufbau systematisch und lerne die Faktoren von sinnvollen Investitionen und Ausgaben kennen. Lerne, was Verbindlichkeiten und Vermögenswerte sind und wie sie in Deiner persönlichen Bilanz zu Buche schlagen. Verstehe zu denken, wie Banken denken und warum man Dir bestimmte Finanzprodukte anbietet. Lerne, warum kostenlose Finanzberatung nicht kostenlos sein kann und erkenne selbst die Vor- und Nachteile der zahlreichen Möglichkeiten. Verstehe die Rolle des Staates und seine Ziele, wenn es um deine Finanzen geht. Die Hauptaufgabe eines Staates der Jetzt-Zeit ist das Wirtschaftswachstum am Laufen zu halten… Denk mal drüber nach, was das für Dich persönlich heißen könnte.

Betreibe finanzielle Bildung, indem Du auch mal einen Vortrag oder ein Seminar besuchst. <u>Investiere</u> in Deine Weiterbildung!

Buchtipp: „Rich Dad, Poor Dad… Was die Reichen ihren Kindern über Geld beibringen!" Autor: Robert Kiyosaki

Zur finanziellen Bildung kann auch die Zeit zählen, die Du mit einem Mentor oder Coach verbringst, der von Dir die Erlaubnis hat, Dir Ratschläge zu geben.

Wichtige Erfolgsregel:

Hole Dir nur Rat von den Menschen, die in dem Bereich in dem Du wachsen möchtest, selbst erfolgreich handeln. Wähle Deine Ratgeber weise! Denn gutgemeinte Ratschläge von Familienmitgliedern oder Freunden, die selbst nur theoretische Ahnung haben, bringen Dich nicht weiter. Es ist enorm wichtig, daß Deine Ratgeber selbst tun, was sie empfehlen.

Simuliere mit Deinem Ratgeber (Mentor/Coach) Deine nächsten aktiven Schritte und frage um Rat, bevor Du wichtige langfristig wirkende Handlungen vollziehst. Übernimm die Verantwortung für Deine Entscheidungen jedoch selbst. Frage in letzter Konsequenz immer Gott um Rat!

> *Das hat er von Gott gelernt, vom allmächtigen Herrn. Denn der ist ein weiser und wunderbarer Ratgeber!*
> *Jesaja 28,29*

Leben in Deine Situation sprechen

Worte sind wie Samen. Das gesprochene Wort ist eines der mächtigsten Werkzeuge, die Gott uns gegeben hat.

- Nutzt Du die Möglichkeit Leben in Deine Situation zu sprechen?
- Sprichst Du Leben in Deine finanzielle Zukunft? Betest Du laut und sprichst aus, was Du Gott mitteilen möchtest? Gott liebt es, wenn wir mutige Gebete beten. Und er liebt es uns auszurüsten, wenn es in Abstimmung mit seinem Plan ist.

Jesus hat uns nicht nur einmal aufgefordert unseren Glauben mit dem gesprochenen Wort in Kombination einzusetzen:

> *Wenn euer Glaube nur so groß wäre wie ein Senfkorn, könntet ihr zu diesem Berg sagen: „Rücke von hier dorthin!", und es würde geschehen. Nichts wäre euch unmöglich!*
> *Matthäus 17,20 HFA*

Die Liebe soll euer höchstes Ziel sein.
Strebt nach den Gaben, die der Geist Gottes gibt;
vor allem danach, in Gottes Auftrag prophetisch zu reden.
1.Korinther 14,1

Was denkst Du, warum die Bibel damit beginnt, daß Gott spricht? Er könnte ja einfach auch nur Schöpfer sein, seine Arme ausbreiten und „Aaaaah" sagen…einen Laut von sich geben…
Lies´ Dir nochmals in versch. Übersetzungsvarianten folgende Bibelstelle durch:

Da sprach Gott: „Licht entstehe!"
und das Licht strahlte auf.
Und Gott sah, das Licht an: es war gut.
Dann trennte Gott das Licht von der Dunkelheit
und nannte das Licht Tag,
die Dunkelheit Nacht! Es wurde Abend und wieder Morgen:
Der erste Tag.
1.Mose, Gen. 3-5 HFA

Du bist Dir noch nicht sicher, daß das gesprochene Wort ein Werkzeug ist, das Du auch für Deine finanzielle Situation verwenden kannst? Dann lass´ uns noch eine sagenhafte Bibelstelle lesen. Beachte die Parallele zu 1. Moses…
Vorab frage ich Dich jedoch: Wer ist das Licht der Welt?
Gut, da sind wir uns einig: Jesus!
Und in wem lebt Jesus? In Dir…
Jesus Christus – das Mensch gewordene Wort Gottes!

*Am Anfang war das Wort; das Wort war bei Gott,
und das Wort war Gott.
Der, der das Wort ist, war am Anfang bei Gott.
Durch ihn ist alles entstanden;
es gibt nichts, was ohne ihn entstanden ist. In ihm war das
Leben und dieses Leben war das Licht der Menschen. Das
Licht leuchtet in der Finsternis,
und die Finsternis hat es nicht auslöschen können.*
Johannes 1,1-5 NGÜ

Aufgabe

Sprich Leben in Deine Zukunft, in Deine Finanzen, in Deine Bestimmung. Experimentiere damit!

Wenn Du es zuhause nicht richtig kannst: Geh in die Natur!

Sprich laut Leben in Deine Situation!

Bitte Jesus um seine aktive Unterstützung und atme fröhlich lächelnd, während Du mit Gottes Hilfe zu dem wirst, wofür er Dich ausgestattet hat!

Mache Dich auf und lass´ Dein Licht strahlen, liebe Leserin und lieber Leser!
Vor was fürchtest du Dich? Andere zu verunsichern, die dann nicht mehr deine Spielkameraden sein wollen?
Gott wird Dir Freunde schenken, mit denen Du auf Dein persönliches „Next Level" gehen kannst… Hab´ Mut!

Intensive Aufgabe

Mache Dir nun stichwortartig auf einem weißen Blatt Papier einen Plan, wie Du Dein Ziel erreichen kannst.

Sei bereit zu wachsen und Dein Gebiet zu erweitern.

Bete…

Handle vorbildhaft und fälle echte Entscheidungen.

Welche Menschen sollen Dich auf Deiner Reise begleiten?

Wer sollen Deine Ratgeber sein?

Wie wirst Du Deine finanzielle Bildung betreiben?

Schreibe bitte auf, was Du in Dein Leben sprichst und wiederhole es täglich.

Bleib´ in Bewegung hin zu Deinem Ziel!

Hier kannst Du meine Gratis-App runterladen und mit mir in Verbindung bleiben >>>

Vielleicht lernen wir uns ja bei einem Vortrag in Deiner Nähe kennen?!

Stufe 4
Budget-Kontrolle und Ausgaben-Disziplin

Von der Kunst Wichtiges von Unwichtigem zu unterscheiden

*Weh euch, Schriftgelehrte und Pharisäer,
ihr Heuchler, die ihr den Zehnten gebt von Minze, Dill und
Kümmel und lasst das* **Wichtigste** *im Gesetz beiseite,
nämlich das Recht, die Barmherzigkeit und den Glauben!
Doch dies sollte man tun und jenes nicht lassen.*
Matthäus 23,23, LUT

Dieses Buch soll Dich inspirieren Dir Deine Verantwortung in Bezug auf Deine Finanzen bewusst zu machen. Nur wenn Du Dir über die Bedeutsamkeit Deines Handelns bewusst bist, hast Du die Möglichkeit ein guter Verwalter dessen zu sein, was Dir geschenkt wurde. Du sollst die Möglichkeit haben, wie ein guter Kaufmann, über die Wichtigkeit Deiner Handlungen abzuwägen, um so gute Entscheidungen zu fällen.

Wichtigkeit *(Definition aus Wikpedia):* *Das Adjektiv verbreitete sich, als Wort der Handels- und Kaufmannssprache mit der Bedeutung „abgewogen, vollwichtig, schwer, Gewicht habend",… Ab dem 16. Jahrhundert setzte der heute domi-*

nierende übertragene Wortgebrauch ein, mit der Bedeutung „schwerwiegend, bedeutungsvoll, wesentlich". **Wichtigkeit** ist die schwerwiegende (wichtige) **Bedeutung** eines Gegenstandes oder Handelns oder aber ein bedeutsamer Gegenstand oder ein <u>**bedeutsames Handeln**</u> selbst.

Was ist wirklich wichtig im Umgang mit Deinen Finanzen? Ich möchte es dir einfach machen, um Dir für die Ist-Analyse Deiner aktuellen Ausgaben und Deiner Budgetplanung einen roten Faden zu geben.

Vorneweg ein Zitat, das mir immer wieder in meinem Leben begegnet ist und das ich mit Dir teilen will: „Gott kann aus Deinen 90% mehr machen, als Du aus 100%!"
Bitte bedenke dies, <u>**gemäß dem Prinzip des Ersten**</u>, bei den weiteren Schritten.

Struktur Deiner zukünftigen Budgetplanung

Priorität 1:   Existenzielle Ausgaben
Diese sind absolut (!) notwendig für das Überleben. <u>Zu dieser Gruppe gehören lediglich:</u> Lebensmittel & Wasser

Priorität 2:   Sub-Existenzielle Ausgaben
Diese sind notwendig für ein Leben in Würde. Sie sind Basis-Bedürfnisse, die jedem zur Verfügung stehen sollten.
<u>Zu dieser Gruppe gehören</u> z.B.: Wohnraum, Kleidung, Energiekosten (Heizung, Strom),

medizinische Versorgung, Mobilität, (z.B. um an den Arbeitsplatz zu gelangen) und Pflichtversicherungen. Ausgaben für Sauberkeit & gepflegtes Auftreten zählen ebenso hinzu (jedoch kein Besuch beim teuren Friseur, sondern eben nur beim günstigen…).

Priorität 3: **Sparen**
(Aufbau von finanziellen Reserven)
Wenn Du das Sparen als weniger wichtig betrachtest, wirst Du immer potenziell finanziell unfrei sein. Nur durch Konsumverzicht wird es Dir möglich sein, die Reserven aufzubauen, die Du für zukünftige Investitionen oder einen Notfall benötigst.
Zu dieser Gruppe gehört: Sparen für Notfälle, Sparen für Anschaffungen, Sparen für die Zeit nach dem Arbeitsleben

Priorität 4: **Schuldenabbau**
Wenn Du Schulden hast, solltest Du diese gut geplant abbauen. Es ist ok, wenn Du Schulden hast, Du solltest jedoch nichts schuldig bleiben… (Römer 13,8)
Zu dieser Gruppe gehören: Kreditkarten-Schulden, Dispo-Kredite, Konsumentenkredite, Schulden für Aus-/Weiterbildung, Schulden für Immobilien (Achtung: Es besteht ein enormer Unterschied zwischen Schulden fürs Eigenheim und Schulden für vermietete Immobilien. Da das Eigenheim keine Einnahmen abwirft, ist es komplett anders zu gewichten! Alles was zu keinen laufenden Einnahmen

führt, ist nach Definition von Robert Kiyosaki, eine Verbindlichkeit und kein Vermögenswert!

Priorität 5: **Steuern & Pflichtversicherungen**
Du magst Dich vielleicht wundern, warum Steuern hier auf der Liste stehen. Sie gehören zwar zu unseren höchsten Ausgaben-Positionen und wir denken, als Angestellte hat man keine Möglichkeit, diese zu beeinflussen, da die Steuern ja immer gleich vom Lohn abgezogen werden. Bei Selbstständigen sieht das jedoch schon anders aus. Und bei Menschen, die investieren (wie z.B. in Weiterbildung, Kinder, usw.) gibt es verschiedenste steuerliche Vorteile...

Denkanstoß

Nur weil viele sich mit den steuerlichen Spielregeln nicht auseinandersetzen, heißt das nicht, daß Du selbst nicht Teil des Spiels bist.

Finanzielle Bildung wird Dein Gebiet erweitern und Dir aufzeigen, weshalb der Staat bestimmte Investitionen mit Steuernachlässen belohnt. Selbst wenn der Großteil der Herde in eine bestimmte Richtung läuft, bedeutet das nicht, daß Du ihr nachfolgen musst und Dich mit der Herde zusammen zum Scheren führen lassen musst.

Auch der Staat wünscht sich Leader! Und für diese gelten andere Spielregeln, wenn sie die geschaffenen Anreize nutzen!

Priorität 6: **Investitionen**
Eines der wichtigsten Prinzipien, das man in der Bibel lernen kann, ist das Investieren. Wenn wir unser Leben, unsere Gaben & Talente und unsere Finanzen nicht investieren, sind wir faul oder wir haben Angst. Dies hindert uns daran unser Potenzial zu entfalten und größere Aufgaben übertragen zu bekommen.
Bevor Du Geld für „Schnickschnack" ausgibst, das nicht zu den o.g. Prioritäten gehört, solltest Du grundsätzlich zuerst investieren, bzw. es für Investitionen ansparen.
<u>Wichtige Investitionen können sein:</u> Bücher, Computer, Unterricht, Gesundheitserhaltung, Versicherungen usw.

Priorität 7: **Persönliches & Dinge für den Haushalt**
Diese Dinge können zum Teil recht wichtig für einen persönlich sein, sie stehen in der Priorität jedoch trotzdem nur an Platz 7!
<u>Zu dieser Gruppe gehören:</u>
Gehobene Kleidung, Kosmetik, nicht-existenzielle Lebensmittel, Unterhaltung (Zeitschriften, Kino, Urlaub, Fitness-Studio usw.), Geschenke, Auto, Versicherungen, Telekommunikation, Luxus-Artikel, Fernseher und Kosten fürs Kabel-TV, Versicherungen (die keine Pflichtversicherungen sind) usw.

Wir könnten recht gut ohne viele Dinge aus der „Priorität 7" leben. Und doch ist der Mensch ein Gewohnheitstier und gewöhnt sich gerne an ein höheres Niveau. Ein großer Teil unserer Ausgaben wird jedes Jahr für Dinge ausgegeben, die wir nicht unbedingt benötigen. Das bedeutet, daß sie per o.g. Definition nicht wichtig sind.

Ich möchte Dich nicht zum Verzicht um jeden Preis anfeuern. Das Leben soll Spaßmachen. Und mit lieben Menschen Essen zu gehen oder für diese ein wundervolles Essen zu zaubern ist eine Ausgabe, die sehr gut investiert sein kann.

Alle Dinge die wir jedoch kaufen, um beim Vergleichen mit anderen Menschen besser dazustehen, sollten wir erkennen und lernen unsere Entscheidungen weniger emotional zu fällen.

Wer geldgierig ist, bekommt nie genug,
und wer den Luxus liebt,
hat immer zu wenig - auch das ist völlig sinnlos!
Prediger 5,9 HFA

Alle Dinge die wir kaufen, weil „man" sie im Moment kauft, werden ein paar Jahre später von anderen „wichtigen" Dingen verdrängt, die „man" dann benötigt.

Durch diese Prioritäten-Liste wirst Du achtsamer werden und die ein oder andere Ausgabe mit einem Lächeln der Verantwortung aus ihrer Ausgaben-Liste entfernen oder reduzieren können.

Lerne zu re-fokussieren!

Der große Teil der Menschheit fokussiert sich auf das, was er nicht hat. Unabhängig davon ob wir bestimmte Dinge benötigen oder nicht, wünschen wir uns oft Dinge, die wir nicht haben.

Wenn wir also Nahrung und Kleidung haben,
soll uns das genügen.
Die, die unbedingt reich werden wollen,
geraten in Versuchung.
Sie verfangen sich in unsinnigen und schädlichen Wünschen,
die sie zugrunde richten und ins ewige Verderben stürzen.
Denn Geldgier ist die Wurzel alles Bösen. Manche sind ihr
so verfallen, dass sie vom Glauben abgeirrt sind und sich
selbst viele Qualen bereiteten.
1.Timotheus 6,8-10 GNB

Aufgabe

1. Nimm Dir fünf Minuten Zeit und schreibe bitte alle materiellen Dinge auf, für die Du dankbar bist!

2. Nun schreibe bitte in weiteren 5 Minuten auf, wofür Du in den letzten drei Monaten Geld ausgegeben hast!

Welche Schlüsse ziehst Du aus Deinem Aufschrieb?

Ebenso wie beim Segeln die Standortbestimmung sehr wichtig ist, ist es bei unserem Umgang mit Finanzen auch. Im nächsten Schritt erhältst Du eine umfangreiche Liste mit möglichen Einnahme-/Ausgaben-Positionen von mir.

Fülle die Liste aus und gib Dir bitte größtmögliche Mühe, dies detailliert zu tun. Denn sonst stimmen später Deine Navigations-Daten nicht… Wenn Du Dir über die Höhe der Einzelpositionen nicht wirklich bewusst bist, bitte ich Dich in den nächsten Wochen alle Belege zu sammeln und Ausgaben ohne Beleg ebenso zu notieren. Lass bitte alle Ausgaben und Einnahmen in Deine Bestandsaufnahme einfließen.
Nimm´ Dir Deinen Versicherungsordner zur Hand, checke alle Buchungen auf Deinen Konten, nimm Dir die Kreditkarten-Abrechnung vor, usw…

<u>Anmerkung für all diejenigen, die bereits jetzt keine „Lust" mehr haben, bei den Praxis-Aufgaben mitzumachen:</u>
Bitte werde Dir bewusst darüber, ob Du nur zu bequem (faul/träge) bist oder ob Du <u>Angst</u> vor dieser Aufgabe hast.

Die Mitarbeit in diesem Buch wird Dich viele Zehntausende von Euro in Deinem Leben nach vorne bringen können!

Du musst jetzt bitte beginnen Deine Zeit zu investieren und Dich auf Deinen Lohn zu fokussieren, den Du durch Deine Investition erhältst.
Wieviel mehr wirst Du Dir leisten können, wenn Du hier mitarbeitest? Wieviel außergewöhnlicher wird Dein Leben sein können? Wieviel mehr Sinn & Erfüllung wirst Du in Deinem Leben erfahren? Wieviel mehr kannst Du an Zeit & Ressourcen in Dich und Deine Lieben investieren? Wieviel mehr Spaß kannst Du in Deinem Leben haben?

Wieviel gesünder wirst Du leben können? Wie wird die Auswirkung auf Deine Partnerschaft sein?
Wieviel weniger Druck wird auf Dir lasten, wenn Du finanziell unabhängiger geworden bist? Welchen Unterschied kannst Du durch Dein Geld in dieser Welt machen?

Faulheit macht schläfrig, und wer träge ist, muss hungern.
Spr 19,15 GNB

Deshalb hatte ich Angst
und vergrub dein Talent in der Erde.
Hier hast du zurück, was dir gehört. Mt 25,25, NGÜ

Die Hand der Fleißigen erringt die Herrschaft,
die lässige Hand muss Frondienste leisten. Spr 12,24 EÜ

Aufgabe

Bitte fülle die nachfolgende Liste nun mit Bleistift aus und mache die entsprechenden Vorarbeiten, wie ich es etwas weiter oben im Text erläutert habe.

Das kann 1-2 Stunden dauern…

Bitte überschlage die Kosten, wenn Du Dir über die Höhe nicht genau im Klaren bist und nehme Dir bitte vor, die Zahlen in einer Extra-Session detailliert zu ermitteln.

Diese Aufgabe ist ganz besonders wichtig, da wir als Menschen entweder durch Schmerz oder durch Freude motiviert werden, etwas zu tun.

Für manche wird es schmerzhaft sein, in den Spiegel ihrer eigenen Finanzen zu blicken, jedoch werden Sie dadurch motiviert sein, endlich die Kontrolle über ihre Situation zu erlangen!

Hinweis: *Gerne kann ich Dir per E-Mail eine Datei zur Verfügung stellen, die Du fortlaufend pflegen kannst, um Deine Einnahmen & Ausgaben fortlaufend eingeben zu können.*
Anfragen bitte an Dieter@DC-Conrad.com

Einnahmen

Gehalt 1 _____

Gehalt 2 _____

Kindergeld _____

Staatl. Zuschüsse _____
(z.B. Wohngeld usw.)
andere Zuschüsse _____
(z.B. betriebliche Altersvorsorge, Vermögenswirksame Leistungen, Zuschüsse/Geschenke d. Familie)

Unterhalt _____

Elterngeld _____

Passives Einkommen aus

- Mieten _____
- Zinsen _____
- Steuer-Rückerstattungen _____
- Dividenden _____
- Aktiengewinne _____
- Beteiligungs-Gewinne _____
- Tantiemen _____
- passive Provisionen _____
  (z.B. aus Networking-Marketing)

Sonstige Einnahmen _____

Summe aller Einnahmen: _____

> Mach eine genaue Aufstellung von allem,
> was du in Verwahrung gibst oder nimmst!
> Schreib auch alle Ausgaben und Einnahmen auf!
> Sirach 42,7 GNB

Ausgaben

Wichtig: Bitte klassifiziere alle Deine Ausgaben nach dem Prioritäten-Prinzip 1-7

                                                              Priorität 1-7

Gottes „Zehnter Teil" _____

Spenden/Opfer _____

Sparen für Notfälle _____

Sparen für Anschaffungen _____

Sparen für Altersvorsorge _____

Existenzielle Nahrung _____

Trinkwasser _____

Wohnraum/Miete _____

Basis-Bekleidung _____

Heizung _____

Strom _____

medizinische Versorgung _____
(Praxisgebühren und unumgängliche Basis-Versorgung)

Basis-Bekleidung _____

Mobilität _____
(nur um an den Arbeitsplatz zu kommen)

                                              Priorität 1-7
Krankenversicherung   _____

Sauberkeit im Haushalt   _____
(z.B. Putzmittel, Verbrauchsmaterialien)

Gepflegtes Auftreten   _____
(z.B. günstiger Friseur, Basis-Pflegeprodukte, Deo, usw.)

Schulden Eigenheim-Zinsen   _____

Schulden Eigenheim-Tilgung   _____

Schuldenabbau Kreditkarte   _____

Schuldenabbau Dispo-Kredit   _____

Schuldenabbau Raten-Kredit   _____

Schuldenabbau Ausbildungs-Kredit _____

Schuldenabbau Konsum-Kredit   _____

vermieteter Wohnraum Zinsen   _____
(z.B. für darlehensfinanzierte Eigentumswohnungen)

vermieteter Wohnraum Tilgung _____
(z.B. für darlehensfinanzierte Eigentumswohnungen)

Schuldenabbau anderer Kredite _____

Lohnsteuer   _____

Einkommensteuer   _____

Kirchensteuer _____   Priorität 1-7

Solidaritätszuschlag _____

Weitere Pflichtversicherungen
_____
(bei Selbstständigen außer der o.g. Krankenversicherung: Pflegeversicherung)
(bei Angestellten außer der o.g. Krankenversicherung: Renten-, Arbeitslosen-, Pflegeversicherung)

Investition in Seminare _____

Investition in anderen Unterricht _____

Investition in Bücher _____
(nur für Weiterbildung)

Investition in Computer_____
Bitte anteilig nur für Weiterbildung, Bewerbungen schreiben, Job/Stellen recherchieren usw. (Andere Computer-Investitionen bitte separat auflisten)

Investition in Gesundheit _____
(z.B. Rückentraining, Laufschuhe, Blut-Analyse, Ernährungsberatung, usw.)

Versicherungen:
Kapital-Lebensversicherung _____

Private Rentenversicherung _____

Private Pflegeversicherung _____

                                              Priorität 1-7
Risiko-Lebensversicherung   _____

Unfall-Versicherung   _____

Berufsunfähigkeitsversicherung   _____

Hausrat-Versicherung   _____

Haftpflicht-Versicherung   _____

Rechtsschutz-Versicherung   _____

KFZ-Haftpflicht inkl. Kasko   _____

Wohngebäudeversicherung   _____

Weitere Versicherungen   _____

                                 _____

Telefon/Festnetz   _____

Telefon/Mobil   _____

Internet-Extrakosten   _____

GEZ + Kabelgeb., bzw. Satellit   _____

Gehobene Lebensmittel   _____

Fertiggerichte   _____

	Priorität 1-7
Backwaren	_____
Gehobene Drogerie-Artikel	_____
Gehobene Getränke	_____
Alkohol	_____
Zigaretten	_____
Obst & Gemüse	_____
Gehobene Kleidung	_____
Kosmetik-Produkte	_____
Gehobene Körperpflege	_____
Fahrtkosten/Mobilität (zusätzlich zu den Arbeitsplatz-Wegekosten)	_____
Unterhaltungs-Literatur	_____
Babysitter	_____
Kinderhort / KiTa	_____
Nachhilfe	_____
Ausbildung der Kinder	_____
Urlaub	_____

	Priorität 1-7
Hobby	_____
Sport	_____
Wohnnebenkosten (Hausmeisterdienst, usw.)	_____
Wasser/Abwasser	_____
Müllgebühren	_____

Auto _____

Ratenkredit/Leasing/Einmalzahlung

KFZ-Steuer	_____
Treibstoff	_____
Öl	_____
Autopflege	_____
Wartung/Inspektion	_____
Reparaturen	_____
Garage/Stellplatz	_____
Sommerreifen/Winterreifen	_____
Sonstiges (z.B. ADAC)	_____
Unterhaltszahlungen	_____

Priorität 1-7

Familienfeiern/Einladungen _____

Pay-TV, Videothek, Downloads _____

Computer-Spiele _____

Eintrittsgelder (z.B. Kino) _____

Persönliche Spaßausgaben _____
(z.B. Clubbing, Snacks, Süßigkeiten, Café, usw.)
Beiträge (Verein o.ä.) _____

Haustier-Nebenkosten _____

Medikamente, Impfungen _____
(alles, was die Krankenvers. nicht trägt)
Optiker _____

Urlaub _____

Auslandsreise-Versicherung _____

Kamera, Handy (Hardware/Geräte) _____

Haushaltsgeräte _____
(Vom Staubsauger bis zum Schrubber)
Küche _____

Einrichtung/Inventar _____

Pflanzen/Blumen _____

                                                            Priorität 1-7

Haushaltshilfe   _____

Taschengeld   _____

Haus-Instandhaltung (Eigenheim) _____

Instandhaltungs-Rücklage   _____
(fremdvermietet)

Nicht umlagefähige Nebenkosten _____
der fremdvermieteten Immobilie, z.b. Hausverwaltung

Restaurant-Besuche   _____

Medizinische Sonderausgaben   _____
(z.B. Zahnspange, Implantate usw.)
Investition in Sachwerte   _____
(über die o.g. fremdvermieteten Immobilien hinausgehend. Bsp.: Edelmetalle, Firmenbeteiligungen, usw.)
Investition in Substanzwerte_____
(z.B. Aktien, Anleihen, usw.)
Weitere Ausgaben   _____

                                  _____

                                  _____

                                  _____

                                  _____

Bilde nun Summen für die untenstehenden Positionen >>>

Summe aller Einnahmen: _____

Davon aus passivem Einkommen: _____

Summe aller Ausgaben: _____

Summe Einnahmen abz. Ausgaben: _____
(der sogenannte Cashflow)

Ausgaben-Summen:
Summe Priorität 1: _____
Summe Priorität 2: _____
Summe Priorität 3: _____
Summe Priorität 4: _____
Summe Priorität 5: _____
Summe Priorität 6: _____
Summe Priorität 7: _____

Denkanstoß

- Wie interpretierst Du Dein persönliches Ergebnis?
- Wo siehst Du spontan Optimierungs-Potenzial?
- Welche Deiner Ausgaben sind nach o.g. Definition finanziell wirklich wichtig?
- Welche Wissens-Defizite wurden Dir klar?
- Gibt es aus Deiner Sicht schlechte Schulden und bessere Schulden?
- Denkst Du, daß Du bei der Auslegung & Verbesserung Deiner persönlichen Bilanz alleine oder mit Hilfe eines Mentors besser vorankommst?

Ich bitte Dich von Herzen:
Nutze **jetzt** das Momentum, daß Du durch Finanz-Analyse aufgebaut hast und arbeite folgende **drei Punkte direkt nacheinander** ab und schreibe Sie Dir auf!

Dein jetziges Handeln und die Entscheidung, die Du jetzt fällst entscheidet über Deine Zukunft!

Bleibe in Bewegung und fange nicht an tagelang zu Grübeln, um dann kleinlaut aufzugeben! Ich helfe Dir ins nächste Level, wenn Du nicht weiterweißt! Kontakt: www.dc-conrad.com

Aufgabe: **Handeln!**

1. Was ist aus Deiner Sicht <u>sofort</u> zu tun?

2. Aktiv aufschreiben: Was ist der eine nächste Schritt?

3. Und was nimmst Du Dir vor, das in drei Monaten umgesetzt sein muss?

Hinweis:
Vielleicht fragst Du Dich, weshalb ich hier nicht die gewöhnlichen Tipps zur Budgetierung wiederholt habe, die in vielen Büchern enthalten sind, bei denen es um Deinen Umgang mit Finanzen geht. Das ist ganz einfach: ich hätte das alles hier wiederholen können. Wenn Du jedoch eine Offenbarung für die verschiedenen Prioritäten erhältst, ist das Thema einer weisen Budgetplanung bedeutend einfacher.

TIPP: In meinen Tages-Seminaren gehe ich tiefer darauf ein, denn das Ziel meiner Seminare mit 100%-Geld-zurück-Garantie ist, daß Du in den darauffolgenden Wochen mindestens den Betrag <u>mehr</u> zur Verfügung hast, den das Seminar kostet! Mehr unter www.dc-conrad.com

Stufe 5
Einnahmensteigerung
Von den Möglichkeiten ohne riesigen Aufwand zusätzliche Einnahmen zu gewinnen

*Lenke mein Herz hin zu dem,
was du in deinem Wort bezeugst,
und halte es fern vom ´selbstsüchtigen` Streben
nach Gewinn!
Psalm 119,36 NGÜ*

Auf wen kommt es denn nun an? Doch nicht auf den, der pflanzt, oder auf den, der begießt, sondern auf den, der das Wachstum schenkt, auf Gott. 1. Kor 3,7 NGÜ

Auf Deiner Reise hin zu außergewöhnlichem Umgang mit Deinen Finanzen könnte es sein, daß Du Wesenszüge an Dir entdeckst, die bei uns Menschen dem Durchschnitt der Welt zu entsprechen scheinen.

Selbstsüchtigkeit & Gier dienen uns nicht, wenn wir wahren Überfluss erleben wollen und weise mit unseren Gaben umgehen wollen. Eine gesunde Gemeinschaft von Menschen dient uns, wenn es darum geht nicht den „Höhenflug" zu bekommen.
Und die „Gabe des Gebens", die man übrigens entwickeln kann, fördert die Unabhängigkeit in unserem Denken, wenn

es darum geht, immer wieder aufs Neue, das gerade Gewonnene, zu einem Teil loszulassen und neu zu investieren.

Suche Dir eine Gruppe von Gleichgesinnten, die das gleiche Ziel erreichen wollen und sich gegenseitig dabei Mut zusprechen, nicht nachzulassen. Wenn Du diesen Menschen die Erlaubnis gibst, Dir auf eine konstruktive Art „den Mantel zurecht zu rücken", wirst Du Dir manch schmerzliche Erfahrung sparen.

> Hinweis:
>
> Mit aus den o.g. Gründen habe ich den Cashflow-Club Konstanz/Bodensee gegründet. Hier lernen Menschen im Rahmen eines Geld-Lern-Spiels (das Robert Kiyosaki entwickelt hat) mehr über sich selbst, betreiben dabei finanzielle Bildung und sie lernen Menschen kennen, die ebenfalls wachsen und ihre Gaben investieren wollen. Mehr Infos über www.cashflow-club-konstanz.de Cashflow-Clubs gibt es in der ganzen Welt...

Vergiss nie, wer Dir das Wachstum schenkt…

Sparer oder Investor?

Wenn wir uns in diesem Kapitel über Deine Einkommenssteigerung unterhalten, müssen wir uns über ein paar Dinge einig sein.
Ich werde selbstsüchtige Motive nicht fördern, sondern Deine guten Motive!

Ich werde Dir Fragen stellen. Ich werde Dich herausfordern umzudenken. Ich werde Dich zu „Vorbildhaftem Handeln" auffordern. Ich werde Dich auffordern ein Investor zu werden, der weiß, daß er nichts erreicht, wenn auf seinen Investments kein Segen ist und der sich darüber im Klaren ist, daß Gott Wachstum bringt und nicht wir, weil wir so schlau gehandelt haben.

Gott will Dich in eine starke Position bringen, von der aus Du frei und unabhängig agieren kannst. Nur abhängig von seinem Segen, von seinen Gaben, ausgestattet mit großem Glaube und weitgeöffnetem Herzen. Er benötigt nur Deine Bereitschaft und Deinen Glauben!

Gnade ist unverdient – nicht verdient!
Ehre wird einem gegeben –nicht verlangt!
Liebe wird geteilt – nicht erzwungen!
Glauben ist aktiv – nicht faul!
Brian Houston, Pastor

Sparer oder Investor? Wo stehst Du gerade?
Finanzielles Bewusstsein erkennt man an den Fragen, die sich Menschen stellen.
Ein gutes Beispiel:
Sparer fragen: „Was kostet das?"
Investoren fragen: „Was bringt es mir?"

Ängstliche Menschen schauen auf das, was sie verlieren können. Hoffnungsvolle auf das, was sie gewinnen können.

Gute Investoren sind vorbereitet und wissen, daß Sie Fehler machen und versuchen die Chance der Belohnung durch seine Vorbereitung erhöhen kann. Und er weiß, daß er durch Risiko-Management seine Risiken senken kann.

Und übrigens: Ob ein Investment riskant ist, hängt deutlich geringer vom Investment, als vom Investor ab! Sagt wenigstens Warren Buffet…

Risiko entsteht, wenn du nicht weißt, was Du tust!
Warren Buffett (Investoren-Legende)

Weißt Du, daß es keine Alternative zum Investieren gibt, wenn Du finanziell außergewöhnlich handeln möchtest? Du investierst Zeit & Ressourcen, um etwas zu erreichen. Nur wenn es um finanzielle Investments geht werden die meisten Menschen unlogisch, weil sie von ihrer Angst gesteuert sind, Fehler zu machen.

Und wenn Sie sich dann doch mal was getrauen, dann erwarten die meisten Menschen, daß das Investment bitteschön auch sofort ordentlich Gewinne abzuwerfen hat.

Und wenn das nicht der Fall ist, dann sind meistens andere Schuld. Der Berater, der von der Bank, die Börse, was auch immer…

Ich möchte Dir ein Bild geben, daß ich liebe, wenn es um deine finanzielle Bildung geht:

Du bist ein Schreiner-Lehrling. Dein Werkstatt-Meister lässt dich einen ganzen Tag lang zusehen, wie er Stühle herstellt.
Zu Beginn des nächsten Tages bittet der Meister seinen Lehrling den ersten Stuhl seines Lebens herzustellen.
Du bemerkst jedoch, daß es dumm von Dir war, gestern keine Notizen oder Aufzeichnungen gemacht zu haben. Du gibst Dein Bestes! Nach einem ganzen Tag Arbeit hast Du einen aus Deiner Sicht passablen Stuhl hergestellt und bist stolz darauf.
Der Schreinermeister begutachtet liebevoll lächelnd den Stuhl, setzt sich drauf und landet mit einem großen Rrums auf dem Boden, der Stuhl in Einzelstücke unter ihm zerkleinert. Er nimmt die Bruchstücke und wirft ihn in den Werkstatt-Ofen und sagt: „Völlig normal! So habe ich auch angefangen! Es werden noch einige zu Bruch gehen, bis Du Dein Gesellen-Stück machen kannst. Und noch länger, bis Du ein Meisterstück machst.
Oder willst Du jetzt kein Schreiner mehr sein?"

Als Schreinerlehrling würdest Du jetzt nie aufgeben, oder? Als Investor hören die meisten jedoch nach 1-2 Fehlschlägen an der Börse auf …

Hast Du jemals darüber gedacht, inwieweit Du tatsächlich investiert bist oder Dich besser engagieren kannst?

Denkanstöße

Zur Investoren-Lage am Aktienmarkt:

In Deutschland sind gerade mal 6% der deutschen Bevölkerung an der Börse aktiv. In den USA sind es zum Vergleich mit 20% mehr als drei Mal so viele…

Zur Investoren-Lage am Immobilien-Markt:

(aus www.sueddeutsche.de vom 10.04.2013)
„Die Eigentümerquote in der Euro-Zone - der Anteil der Wohnungen, in denen wohnt, wer sie besitzt - liegt im Schnitt bei 60 Prozent. In Großbritannien beträgt sie 70%, in Spanien und Italien sind es 80%….
In Deutschland betrug diese Quote nur 46%. Der Anteil der Eigentümer an der Bevölkerung ist dem EU-Statistikamt zufolge so niedrig wie in keinem anderen Land der Währungsunion (!!!). Und die Quote derer, die Wohnungen & Häuser kaufen und diese vermieten ist noch viel geringer…

Ich hoffe, daß Du jetzt nicht beginnst Angst zu bekommen und denkst: „Oh je! Ich habe kein Geld, um Aktien und Immobilien zu kaufen. Ich kann genauso gut aufhören dieses Buch zu lesen…!"

Hier geht es im Moment um finanzielle Bildung, um Dein Wissen, um Deine Ausrüstung an Informationen, um nicht mehr und nicht weniger.

Weise reiche Menschen arbeiten nicht für ihr Geld, sondern für ihr Wissen! Robert Kiyosaki

Ganz ohne Wissen kannst Du nicht weise werden.
Ganz ohne finanzielle Bildung kannst Du nicht finanziell intelligent werden.
Die ganze finanzielle Intelligenz bringt Dir gar nichts, wenn Du nicht handelst.
Finanzielles Bewusstsein entsteht durch Investitions-Schritte & Gebet & Geben!
DC Conrad

Wenn wir uns über das Thema „Sparen oder Investieren" Gedanken machen, sollten wir in der Geschichte zurückblicken und uns darüber klar werden, wozu Geld ursprünglich erfunden wurde: Es wurde als Ersatz für Tauschmittel eingesetzt und nicht, wie heute gesehen, nur als Wertaufbewahrungs-Möglichkeit!

Wahre Werte, echte Werte (Real Value im Englischen) sind Sachwerte! Nichts anderes…

Aus diesem Grund sind bestimmte Dinge wertstabil, wenn man die Kaufkraft und auch den Kaufkraft-Verlust in Verbindung dazu setzt. Ein einfaches Beispiel:
Vor 100 Jahren konnte man für eine Unze Gold (eine Münze mit 31 Gramm Gewicht) einen wunderschönen Sonntags-Anzug mit allem drum & dran kaufen.
Heute kann man einen wunderschönen Sonntags-Anzug weiterhin für 1 Unze Gold kaufen…. Interessant, oder?!

Oder denkst Du, daß es keinen Einfluss auf die Preisentwicklung in einem Land hat, wenn man pro Monat (!) 80-85 Milliarden US-Dollar an frisch gedrucktem Geld in den Umlauf bringt (Stand: Februar 2014)? Und zwar ohne gleichzeitig einen Mehrwert an Wirtschaftsgütern als Gegenleistung in die „Bilanz" zu nehmen?

Geld ist ursprünglich ein Tauschmittel und es führte in der Geschichte **immer** zu Wirtschaftsblüten, wenn es schneller in Umlauf ist, sprich schneller re-investiert wurde.

Wenn Du das Geld-Spiel des Lebens gut spielen willst, solltest Du die Spielregeln kennen. Und ich möchte Deine Kreativität anregen, wenn ich Dir sage:
Die Spielregeln des Geldes haben sich geändert! Und zwar massiv seit ganz wenigen Jahren! Schon bemerkt?!

Wenn nein, gebe ich Dir einen Denkanstoß und ein paar Zahlen vom Februar 2014 an die Hand:
- Guthaben-Sparbuch-Zins in Deutschland:
  zwischen 0,1% - 05%
- Dispo-Zinsen :
  zwischen 7,5% - 13,99%
  (Zinsen, die Du zahlen musst, wenn Du Dein Konto innerhalb des Dispo-Rahmens überziehst)
- Überziehungs-Zinsen :
  zwischen 11,95% - 16,99%
  (Zinsen, die Du zahlen musst, wenn Du Dein Konto außerhalb des Dispo-Rahmens überziehst)

So und jetzt wird es interessant:
Für jede 1000 Euro, die Du als Sparer an Guthaben auf Dein Konto einzahlst, darf die Bank das 8-10fache an Geld verleihen, obwohl Sie das Geld faktisch nicht besitzt.

Und trotz der „strengeren" Regulierung der Finanzmärkte ist die Eigenkapital-Quote einer sog. system-relevanten Bank, wie der Deutschen Bank bei gerade mal 2,68%.
Und laut dem Vorstandsvorsitzenden im Juli 2013 „eine der best kapitalisiertesten Banken der Welt!".

Bitte mache Dir selber Deinen Reim darauf, da ich das nicht weiter beurteilen möchte. Diese Fakten helfen uns schlichtweg die Spielregeln ein wenig besser zu verstehen… Verstehe nun noch besser, warum man vor kurzer Zeit in Zypern an Geldautomaten nur noch 50 Euro-weise Geld abheben konnte und größere Bar-Abhebungen gar nicht möglich waren. Beantworte bitte selbst, was passiert wäre, wenn nur 5% der Spar-Einlagen abgehoben worden wären.

Die Spielregeln haben sich geändert und ich versuche Dir klarzumachen, daß das Anlegen von Deinen Einkünften in Geld etwas anderes ist, als wenn Du reale Werte erwirbst. Nicht mehr und nicht weniger. Es geht um finanzielle Bildung, um Fakten!

Dies ist kein Buch, das Dir im Detail das „Wie" erklärt, wenn es um Deine Einkommenssteigerung geht. Es zeigt Dir vielmehr das „Warum" auf, um das „Wie" später mit mehr Freude zu erlernen.

Es zeigt Dir jedoch grundsätzlich alle Möglichkeiten auf, die es gibt, um Dein Einkommen zu steigern. Du kannst Dein Einkommen steigern, indem Du Deine Zeit gegen Geld eintauschst oder Du kannst Geld einsetzen, daß es sich nach den Spielregeln unserer westlichen Welt vermehrt, ohne daß Du dafür arbeiten musst.

Hört sich beim ersten Lesen fast unseriös, ja unanständig an: Das Geld für sich arbeiten zu lassen und irgendwann nicht mehr für Geld arbeiten!
Das nennt sich schlichtweg „passives Einkommen".
Da dieses Kapitel den Untertitel trägt „Von den Möglichkeiten ohne großen Aufwand zusätzliche Einnahmen zu gewinnen!", möchte ich meinen Fokus darauf legen.

Und doch muss ich Dir alle Einkommens-Ströme aufzeigen, die möglich sind:

I. <u>Angestellter</u>
- Du verkaufst Deine Zeit und Deine Leistung. Dafür wirst Du entlohnt.
- Du zahlst prozentual die meisten Steuern im Vergleich zu allen anderen Einkommens-Möglichkeiten
- Du bist unter allen Einkommens-Möglichkeiten potenziell der größten Gefahr ausgesetzt, Deinen Arbeitsplatz zu verlieren.
- Dein Einkommen ist begrenzt, weil Du die Ressource Zeit verkaufst.

2. **Selbstständiger**
   (z.B. Rechtsanwälte, Ärzte, Freiberufler, Handwerker)
   - Du verkaufst Deine Zeit und Deine Leistung als Spezialist und verdienst pro Stunde in der Regel mehr als ein Angestellter.
   - Meistens arbeiten Selbstständige stundenmäßig weit mehr als Angestellte.
   - Selbstständige haben steuerlich mehr Möglichkeiten einzusparen, als Angestellte.
   - Dein Einkommen ist begrenzt, weil Du die Ressource Zeit verkaufst.

3. **Unternehmens-Inhaber (oder Teilhaber)**
   - Du musst nur noch sehr begrenzt Deine eigene Zeit verkaufen, sondern vermarktest (oder verkaufst) in der Regel die Zeit Deiner Mitarbeiter
   - Du hast steuerlich weit mehr Möglichkeiten einzusparen, als die ersten beiden Einkommens-Klassen.
   - Wenn Dein Unternehmen gut läuft, verdienst Du auch Geld, wenn Du nicht da bist. Es liegt somit an Dir, ob Dein Einkommen passiver ist
   - Dein Einkommen ist potenziell unbegrenzt, da es wächst, solange Dein Unternehmen wächst.
   - Du denkst beruflich anders, als ein Selbstständiger, da dieser ein Spezialist und Du ein Generalist bist. Du musst in vielen Bereichen in Zusammenhängen denken können und gut delegieren können.

4. **Investor**
- Du nutzt als Einziger nicht die Ressource Zeit, um Geld zu verdienen, sondern die Ressource Geld.
- Du zahlst prozentual von allen Einkommens-Klassen die niedrigsten Steuern.
- Dein Denken ist geschult darin Chancen zu sehen, diese im richtigen Moment zu ergreifen und das Risiko zu managen.
- Du hast sehr viel Zeit für Dinge, die Dir persönlich wichtig sind. Du verdienst dein Einkommen nahezu komplett passiv.
- Dein Einkommen ist potenziell unbegrenzt!

Aufgabe:

1. In welchen der vier oben erläuterten Einkommens-Kategorien bewegst Du Dich aktuell?

2. Kreuze an, ob Du aus nachfolgenden passiven Einkommensmöglichkeiten Einkommen beziehst und ob diese Position aus Deiner heutigen Sicht ausbaubar ist.

Es geht nicht darum, daß Du jetzt bereits wissen musst, wie Du genau zu diesem passiven Einkommen kommst.
Das bearbeiten wir zu einem späteren Zeitpunkt!

Ich beziehe Einkommen aus:	Ja!	Nein!	Das dürfte ausbaubar sein! Bitte ankreuzen, wenn Du das für möglich hältst:
• Miete/Pacht			☐
• Zinsen			☐
• Steuer-Rückerstattungen			☐
• Dividenden			☐
• Aktiengewinne			☐
• Beteiligungs-Gewinne			☐
• Tantiemen			☐

(z.B. aus Musik- und Buch-Rechten, Lizenzen usw.)

• passive Provisionen			☐

(z.B. aus Networking-Marketing oder Empfehlungen)

Wie geht es Dir mit Deiner persönlichen Auswertung dieser Aufgabe? Welche Gedanken gehen Dir durch den Kopf?

Wenn Du keinerlei passives Einkommen besitzt, gehörst Du zur großen breiten Masse, die aus Sicht der Besitzenden wunderbar „funktioniert"… Du zahlst viel Steuern, arbeitest für Deinen Arbeitgeber oder rackerst für den nächsten Auftrag. Du bist für die Banken ein wichtiger Partner und aus Sicht der Wirtschaft ein sehr wichtiges Zahnrädchen, das das Wirtschafts-System durch fortlaufenden Konsum am Laufen hält.

Ich möchte Dich auf eine konstruktive Art wachrütteln, auch wenn ich hier deutliche Worte gewählt habe. Bitte verstehe, was Du für eine Rolle für die einzelnen Mitspieler beim täglichen Spiel des Lebens besitzt.

- Lerne bitte die Spiel-Regeln und „fahre nicht mehr ohne Fahrschul-Unterricht herum".
- Lerne die Denkmuster der Menschen, die Geld für sich arbeiten lassen, um unser Wirtschafts-System aus verschiedenen Blickwinkeln zu verstehen.
- Lerne wieder Fehler zu machen, auch wenn Dir das während Deiner Schulzeit aberzogen wurde. Ein Cashflow-Spielabend ist eine glänzende Chance etwas zu simulieren!
- Baue Deine Schulden ab!
- Spare, um Investieren zu können!
- Verändere Deine Wahrnehmung, um Gelegenheiten erkennen zu können?
- Tausche Dich nur mit Menschen aus, die in dieser Richtung erfolgreich tätig sind oder selbst aktiv wachsen wollen?
- Lerne richtig zu geben!
- Investiere Deine Zeit und Deine Ressourcen, um passives Einkommen aufzubauen.
- Investiere in Deine Weiterbildung und baue Deine Vision, Dein „Warum" auf: Was wirst Du machen, wenn Du alle Deine Talente investieren kannst und nicht nur dem fehlenden Geld hinterher rennst?

Stufe 6
Gottes Weisheit und finanzielle Intelligenz
Glück ist, wenn Vorbereitung und Gelegenheit zusammentreffen

Doch wie Recht die Weisheit Gottes hat, zeigt sich an denen, die sie annehmen. Lukas 7,35 HFA

Wie unerschöpflich ist Gottes Reichtum! Wie tief ist seine Weisheit, wie unermesslich sein Wissen! Wie unergründlich sind seine Entscheidungen, wie unerforschlich seine Wege! Römer 11,33 NGÜ

Da dieses Buch in 7 Entwicklungs-Stufen aufeinander aufbaut, wird es konsequenterweise von Stufe zu Stufe anspruchsvoller. Dies heißt aber nicht, daß Du nicht weiter „auf Kurs" bleiben kannst, nur weil Du die vorigen Entwicklungs-Stufen noch nicht alle praktisch vollzogen oder umgesetzt hast.

Ganz im Gegenteil: Es ist wichtig, daß Du weißt, wohin Du zielst, wie stark Deine Vision ist und wie tatkräftig Dein „Warum" Dich in Deiner finanziellen Entwicklung unterstützt. Es heißt ja auch so schön: „Auch falls Du die Sterne nicht erreichen kannst, kannst Du Dich wenigstens an ihnen orientieren!"

Wenn wir uns mit Begriffen wie „Finanzielle Intelligenz" und „Gottes Weisheit" beschäftigen, sollten wir uns darüber im Klaren sein, was ich als Autor und RealValue-Coach damit meine.

Über Intelligenz

- Wikipedia: „…Der Einfluss der Intelligenz auf das Einkommen ist jedoch begrenzt. Es konnte gezeigt werden, dass zumindest in den USA die soziale Herkunft einen viel stärkeren Einfluss auf den Verdienst hat als die Intelligenz…"
- Zeitung Die Welt: „Kern-Intelligenz lässt sich trainieren."
- Zeitschrift Focus: „Wissenschaftler haben herausgefunden, dass Intelligenz keine unveränderliche Größe ist, sondern sich durchaus steigern lässt. Wie das geht? Das Gehirn ist wie ein Muskel, dessen Leistungsvermögen sich erhöht, wenn er richtig trainiert wird!"

WICHTIG! Das bedeutet in letzter Konsequenz, daß man durch Bildung und Training eine neue Ebene an Intelligenz erreichen kann! Somit kann dank finanzieller Bildung im nächsten Schritt finanzielle Intelligenz erwachsen.

Über Finanzielle Intelligenz:
Zitat aus „Selbsthilfe-Wiki": Robert Kiyosaki verwendet in seinen Lehrbüchern über erfolgreiches Arbeiten und Investieren den Begriff „finanzielle Intelligenz" für die Fähigkeit, sich aus dem sogenannten "Hamsterrad" der unselbständigen, ängstlichen Angestelltenmentalität zu befreien. Die Mentalität führt zwangsläufig zu einer Selbstausbeutung, sei es als Angestellter in einem ungeliebten Job oder als Selbständiger, der unter selbstgeschaffener Arbeitslast zusammenbricht. Denn vor dem Hintergrund unserer heutigen Hochsteuer-Gesellschaft kommt demjenigen, der immer nur arbeitet, aber nicht <u>grundlegend über Sinn und Nutzen dieser Arbeit für sich selbst nachdenkt</u>, die Rolle des fremdbestimmten Lastesels zu. Diese endet früher oder später in Frustration, Burn-out und Perspektivlosigkeit anstatt in der ersehnten Belohnung durch Wohlstand und Freiheit. Um die wichtigsten Aspekte der finanziellen Intelligenz spielerisch zu entwickeln und praktisch ausprobieren zu können, entwickelte Kiyosaki das Lernspiel CASHFLOW."

Über Gottes Weisheit
Laut der ersten der beiden oben genannten Bibel-Stellen kann man Gottes Weisheit annehmen. Das heißt Erlernen! <u>Lies Dir die Bibelstelle bitte nochmal durch…</u>

Da Gottes Weisheit und sein Wissen jedoch so unvorstellbar groß sind und er gleichzeitig über „unerschöpflichen" Reichtum verfügt (wie uns die zweite der beiden Bibelstellen klarmacht) müssen wir uns in aller Demut und positiven Gottesfurcht darüber im Klaren sein, daß wir von der Perspektive her kleine Ameisen sind und Gott eben aus der Adler-Perspektive heraus agiert. Ohne seine Weisheit bringt uns die Klugheit der Welt eben rein gar nichts:

Denn Gott spricht in der Heiligen Schrift:
"Bei mir zählt nicht die Weisheit der Welt,
nicht die Klugheit der Klugen. Ich werde sie verwerfen.
I.Korinther 1,19 HFA

Euch aber hat Gott zur
Gemeinschaft mit Jesus Christus
berufen. Mit ihm hat er uns alles geschenkt:
Er ist unsere Weisheit – die wahre Weisheit, die von Gott
kommt. Durch ihn können wir vor Gott als gerecht bestehen.
Durch ihn hat Gott uns zu seinem heiligen Volk gemacht
und von unserer Schuld befreit.
I.Korinther 1,30 HFA

Ganz schön anstrengend, Gott gedanklich zu folgen, wenn man als Ameise versucht weise in Gottes Augen und nicht klug nach den Maßstäben der Welt zu sein… ☺

In diesem Kapitel möchte ich Dein Gebiet und Dein Denken dadurch erweitern, daß Du <u>vorbereitet</u> bist, um „Glück" zu haben.
  I. Denn wenn Du finanziell vorbereitet bist, kannst Du Gelegenheiten erkennen.

2. Wenn Du Gelegenheiten erkennen kannst, kannst Du sie nutzen.
3. Und Du solltest Sie in Abstimmung mit Gottes Weisheit nutzen. Denn: Du weißt ja nicht genau, welchen Plan er für Dich vorgesehen hat…

Was bedeutet es, finanziell vorbereitet zu sein, um Gelegenheiten erkennen zu können?
Durch finanzielle Bildung öffnest Du Dich im Geiste einem bestimmten Themen-Spektrum, das Du in der Deutlichkeit vorher nicht wahrgenommen hast. Obwohl es permanent vorhanden ist, liegt es an Dir selbst, womit Du Dich beschäftigst und aus welcher Motivation heraus. Und „wie durch ein Wunder" erkennst Du wöchentlich mehr Gelegenheiten…

Wenn Du zum Beispiel erkennst, daß Du über Deine Einkommens-Verhältnisse gelebt hast, kannst Du Dich wahlweise beschäftigen mit

- Konsumverzicht/Sparen
- Höheres Einkommen schaffen

Aus dem Umstand des Geldmangels heraus sich mit Lösungen zu beschäftigen und Menschen zu fragen, die sich damit auskennen, ist intelligent und finanzielle Bildung zeigt sicher Lösungswege auf.

Finanzielle Intelligenz bedeutet jedoch die Dinge in einem größeren Zusammenhang zu erkennen und Mechanismen zu verstehen, ohne diese zunächst zu verurteilen.

Vor-Verurteilung hat oft mit einer mangelnden Sicht der Dinge zu tun.

Wie wäre es zum Beispiel, wenn man im o.g. Beispiel so reagiert, daß man das höhere Einkommen nicht nur durch ein Mehr an Arbeit schafft, sondern durch Hebel-Effekte, die viele wohlhabende Menschen nutzen, weil der Staat sie als Anreize für Investoren geschaffen hat?

Nur weil Du eventuell zu gering von Dir denkst, heißt das nicht, daß Du kein Investor werden kannst.
Und ein Investor verdient mit Geld weiteres Geld...
Wenn Deine Überzeugungen und Werte Dir nun suggerieren, daß dies unanständig ist, verurteilst Du ja grundsätzlich Investoren, oder?!

Wie wäre es, wenn der Mensch im o.g. Beispiel, der ja über seine Einkommensverhältnisse gelebt hat, nicht abwertend von sich denkt, weil er „zu viel ausgegeben hat", sondern stattdessen sagt:

„Meine Familie & ich sind es wert, daß wir weiterhin möglichst viel Zeit miteinander verbringen und deswegen möchte ich ohne zusätzliche Arbeit zu leisten, mehr Einkommen schaffen. Dadurch können wir u.a. noch großzügiger gegenüber unseren Mitmenschen mit unseren Ressourcen Zeit & Geld umgehen. Außerdem möchte ich mehr in das Reich Gottes investieren! Ich möchte auf allen Ebenen reich sein und strebe finanzielle Unabhängigkeit an. Ich werde Wege &

Lösungen finden, wie ich dieses Ziel erreiche und ich investiere in mich und mein Wissen!"

Reichtum (Wohlstand) anzustreben ist grundsätzlich etwas Gutes! Es darf jedoch nicht auf Geld allein fokussiert sein!

> **Aufgabe**
>
> Schreibe auf, was Du mit 1500 Euro monatlich mehr Einnahmen tun würdest?

Das Glück des Menschen, der Gott die Treue hält…
…Wohlstand und Reichtum
sind im Haus eines solchen Menschen zu finden,
das Gute, das er tut, hat für immer Bestand.
Psalm 112,3 NGÜ

Reichtum bedeutet nicht automatisch, daß Du finanzielle Unabhängigkeit anstreben musst. Und doch kann finanzielle Unabhängigkeit absolut im Sinne Jesus´ sein. Und zwar dann, wenn Dein Blick auf Gott gerichtet bleibt und Du kein moderner Sklave wirst.

„Die glücklichen Sklaven sind die erbittertsten Feinde der Freiheit."
Marie Freifrau von Ebner-Eschenbach

Denkanstoß

Stelle Dir vor, Du wärst per Definition „finanziell unabhängig". Das bedeutet, daß Deine Fixkosten durch ein passives Einkommen ausgeglichen sind.

(Und ich spreche nicht davon, daß Du „finanziell frei" bist, was lt. Definition bedeutet, daß Du genug finanzielle Mittel zur Verfügung hast, um jederzeit freie Entscheidungen zu fällen, um Dir alles Erdenkliche zu kaufen.)

Schulden sind nicht gleich Schulden

An kaum einem anderen Thema trennen sich so sehr die Ansichten, als beim Thema Schulden. Es ist ganz besonders als Christ herausfordernd, neutral an dieses Thema heranzugehen und mal zu schauen, was Gott genau dazu sagt. Bitte lasse Dich auf das Thema ein, indem wir mit verschiedenen Bibelstellen beginnen.

<u>Du sollst für niemanden bürgen:</u>

Übernimm keine Bürgschaft für fremde Schulden.
Sprüche 22,26, GNB

Wenn du dich durch Handschlag verpflichtest, für die Schulden eines anderen aufzukommen, hast du den Verstand verloren. Sprüche 17,28 GNB

Du sollst Deine Schulden zurückbezahlen:

Da er aber nicht zahlen konnte, befahl der Herr, ihn und seine Frau und die Kinder und alles, was er hatte, zu verkaufen und damit zu bezahlen.
Matth., 18,25 ELB

Bleibt niemand etwas schuldig; nur die Liebe schuldet ihr einander immer. Wer den andern liebt, hat das Gesetz erfüllt.
Römer 13,8-10 EÜ

Während der Gottlose borgt und nicht zurückzahlt, ist der Mensch, der nach Gottes Willen lebt, großzügig und gibt.
Psalm 37,21 NGÜ

Schulden-frei zu sein ist Gottes Ziel für uns. Da sollten wir uns alle einig sein. **Und zwar in jeglicher Hinsicht.**

Jesus hat für unsere Schulden bezahlt und unser „Schuld-Schein" wurde bezahlt. Selbst wenn wir unser ganzes Leben ohne Gott gelebt haben und Jesus nicht als unseren Retter, „den Weg die Wahrheit und das Leben" angenommen haben, ist Gott so großzügig, daß wir selbst am letzten Tag unseres Menschenlebens die freie Wahl haben, uns für Jesus zu entscheiden!
Und genau in dem Moment, in dem wir unseren freien Willen einsetzen und ihn in unser Leben einladen, ist unsere Schuld bezahlt. Unfassbar schön… Das ist Gnade!!!

Als Johannes am nächsten Tag Jesus auf sich zukommen sah, sagte er: »Seht dort das Opferlamm Gottes, das die Schuld der ganzen Welt wegnimmt. Joh., 1,29 GNB

In anderen Übersetzungs-Varianten steht hier statt „Schuld" das Wort „Sünde". Ist „Schuld" immer mit „Sünde" gleichzustellen? Und sind Schulden damit Sünden?
Denk mal drüber nach…

Und was ist mit Lukas 7, 36-50?
Was sagt Gott Dir, wenn Du das liest und Dir das Thema Schulden näher ansiehst? Hier werden Schulden erlassen und Sünden vergeben… Und in direktem Zusammenhang von Jesus mit einander verglichen, um <u>DIR</u> etwas zu sagen.

Aufgabe

Lies Dir die Bibelstelle (Lukas 7,36-50) durch.

Vergleiche mehrere Übersetzungs-Varianten (am besten mit www.bibleserver.com) und ziehe für Dich ein Résumée…

PS: Ich sagte ja, daß dieses Kapitel anspruchsvoller ist… ☺

Ja ich bitte Dich wirklich nicht nur eine Bibel in die Hand zu nehmen, sondern auch noch mehrere Übersetzungs-Varianten anzusehen.

Also steht fest: Nicht wegen meiner guten Taten werde ich von meiner Schuld freigesprochen, sondern erst, wenn ich mein Vertrauen allein auf Jesus Christus setze.
Römer 3,28 HFA

Ich möchte Dir eine provokante Frage stellen:
Wenn Deine Schuld bezahlt ist… Bist Du dankbar?
Bist Du dankbar und nutzt die Rahmenbedingungen der Welt, in die Gott Dich entsendet hat, um mit dem Mammon dieser Welt sein Reich sichtbar zu machen???
Bist Du dankbar und hast den Wunsch mit ihm an einem Strang zu ziehen oder „nimmst Du das einfach so mit", was Du durch Gnade erhältst?

Jesus liebt Dich und Du kannst absolut nichts tun, daß er Dich mehr liebt. Daran glaube ich!
Und doch wird es Gotteskinder geben, die mehr Verantwortung von ihm übertragen bekommen, weil Sie im Kleinen treu waren, ihm geglaubt haben und **gehandelt** haben!

*Ja, Bruder, um des Herrn willen
möchte ich von dir einen Nutzen haben.
Erfreue mein Herz; wir gehören beide zu Christus.*
Philemon 19 EÜ

Schulden-frei zu sein ist Gottes Ziel für uns. Da sollten wir uns alle einig sein. Und doch steht nirgendwo, daß es verwerflich ist, mit dem was man geliehen bekommt, zu arbeiten.

Es ist Teil unseres Wirtschafts-Systems und es ist gewollt, daß Du Ressourcen zusammenziehst und diese investierst, um diese Verbindlichkeiten (Schulden) dann abzubauen.
Das ist auch nicht „Zeitgeist"…das war vor Tausenden Jahren schon so…

Verbindlichkeiten stehen in Verbindung mit einer Forderung! Und es ist ein riesiger Unterschied, ob Du das Geliehene verprasst, oder ob Du es investierst!
Auch mit geliehenem Geld kann man Kirchen bauen… man muss jedoch einen genauen einhaltbaren Plan haben, wie man dieses Investment zurückbezahlt!

Um das Thema „Schulden" aus wirtschaftlicher Sicht zu betrachten, müssen wir auch hier den Begriff genauer beleuchten und die damit verbundenen Konsequenzen aufzeigen.

<u>Hinweis zur finanziellen Bildung:</u>
Wenn Du Dir nicht genau im Klaren bist, was Verbindlichkeiten, Forderungen, Schulden, Vermögenswerte, Sachwerte (Real Value!) und Geldwerte sind, wird es höchste Zeit, das Du das erlernst.
Eine Möglichkeit ist es, einen Cashflow-Club in Deiner Nähe zu besuchen und aktiv um die Erklärung dieser Begriffe anhand Deines Spiel-Blatts einzufordern. Auf dem Spielblatt stehen nicht nur alle Deine Einnahmen & Ausgaben, sondern auch Deine Verbindlichkeiten und Vermögenswerte. Seminare & Fachbücher können ebenfalls Abhilfe schaffen.

Wenn Du noch nie eine Aufstellung Deiner Verbindlichkeiten und Vermögenswerte gemacht hast, ist es als ob Du Auto fährst, ohne ein einziges Straßenschild zu kennen. Probleme sind vorprogrammiert!

Schulden & Verbindlichkeiten

Um diese Begriffe umfassend zu erläutern, bitte ich Dich in einem Lexikon die kompletten Definitionen nachzuvollziehen.

<u>Hinweis</u>: An dieser Stelle versuche ich auf das Wesentliche reduziert zusammenzufassen. Abhängig von Deiner Perspektive siehst Du Schulden & Verbindlichkeiten wahlweise als Privatperson, als Familien-Oberhaupt oder als Unternehmer. Ich möchte Dir jedoch die Perspektive vermitteln, daß Du in **jedem** Fall ein Investor bist und deswegen die Perspektive eines Unternehmers einnehmen solltest. Ein Privat-Haushalt ist in vielerlei Hinsicht ein Unternehmen!

Definition: Schulden & Verbindlichkeiten
Alles dem Unternehmen zur Verfügung gestelltes <u>Fremdkapital</u>, z.B. Kredite, erhaltene Anzahlungen oder aufgenommene Darlehen.
Schulden sind die Verpflichtungen einer Unternehmung gegenüber Dritten. Schulden sind zu unterscheiden in Zahlungs- und Leistungsverpflichtungen, die soweit sie gewiss sind, als Verbindlichkeiten und soweit sie ungewiss sind, als Rückstellungen zu passivieren sind.

In der Bilanz hat der Unternehmer dem Vermögen die Schulden als die Summe aller Zahlungsverpflichtungen gegenüberzustellen. Die Bilanzpositionen umfassen somit die Verbindlichkeiten und die Rückstellungen, die zusammen das Fremdkapital bilden. Der Überschuss des Vermögens über die Schulden bildet das Reinvermögen als das bilanzielle Eigenkapital.

Beispiele

Vermögenswerte	Verbindlichkeiten
100.000 Euro Sachwert: Vermietete Wohnung	110.000 Euro Bank-Darlehen für Wohnung + Notar + Grunderwerbsteuer)
10.000 Euro Substanzwert: Aktien	
2.000 Euro Geldwert: Konto-Guthaben	

Frage

Frage zu obenstehender Grafik:

Hat der Mensch mit o.g. Aufstellung „Schulden"?

Definition Schulden aus „Wirtschaftslexikon24.com":
Schulden sind grundsätzlich weder »gut« noch »schlimm«. Sie gehören zum Wirtschaften sowohl im Großen als auch im Kleinen, also zum Staat, zu einem Unternehmen wie auch zu einem Privathaushalt. Viele Träume und Visionen blieben

unrealisierbar, gäbe es nicht die Möglichkeit, Schulden zu machen, sprich: ein Darlehen, einen Kredit aufzunehmen. Das gilt für den seit langem geplanten Urlaub ebenso wie für Fortschritte in der Medizin oder die Raumfahrt. Weder das - gesellschaftlich gewünschte und staatlich geförderte - Schaffen von Wohneigentum noch die Gründung einer selbständigen Existenz sind in der Regel ohne Darlehen möglich. Problematisch werden Schulden erst im Falle einer Überschuldung, also dann, wenn man mit seinen Zahlungen in Rückstand gerät (Zahlungsverzug) oder gar überhaupt nicht mehr zahlen kann (Zahlungsunfähigkeit).

Frage

1. Fasse für Dich schriftlich zusammen, was Du gerade gelernt hast über Deine Rolle als Unternehmer.

2. Ermittle wie hoch die tatsächliche Rest-Schuld bei Deiner Bilanz ist, wenn Du z.b. auf der einen Seite eine vermietete Eigentumswohnung (Vermögenswert!) stehen hast (Wert 100.000 im Jahr der Anschaffung und Du auf der anderen Seite Deiner Bilanz 110.000 Euro Bank-Verbindlichkeiten verbuchen musst.

3. Wie sieht Dein Ergebnis aus, wenn Du Aktien und Immobilie sofort verkaufst und damit Deine Verbindlichkeiten ablöst?

4. Ermittle wie sich Deine Bilanz verändert, wenn Du 10 Jahre später z.B. auf der einen Seite eine vermietete Eigentumswohnung (Vermögenswert!) stehen hast (Bsp.: Wert 100.000 im Jahr der Anschaffung, Bsp.: Wert 10 Jahre später: 120.000 Euro) und Du auf der anderen Seite Deiner Bilanz noch 80.000 Euro Bank-Verbindlichkeiten verbuchen musst.

Bemerkung: Mathematisch entspricht das alles dem Niveau eines 10-jähriger Aus Sicht der finanziellen Bildung müssen sich manche Erwachsene bei diese Basis-Dingen bereits anstrengen...

Gute Schulden und schlechte Schulden

Es gibt tatsächlich schlechte Schulden und gute Schulden, wenn Du Dich mit den von den Regierenden geschaffenen Spielregeln auseinandersetzt. Ich will Dir den Unterschied im Anschluss an diese Bibelstelle erklären:

> *Jeder leiste den Trägern der staatlichen Gewalt den schuldigen Gehorsam. Denn es gibt keine staatliche Gewalt, die nicht von Gott stammt; jede ist von Gott eingesetzt.*
> *…*
> *Das ist auch der Grund, weshalb ihr Steuern zahlt; denn in Gottes Auftrag handeln jene, die Steuern einzuziehen haben. Gebt allen, was ihr ihnen schuldig seid, sei es Steuer oder Zoll, sei es Furcht oder Ehre.*
> *Römer 13, 1 und Römer 13,6 +7 EÜ*

Es gibt aus Sicht eines Unternehmers (was wir ja alle aus Sicht von Jesus sein sollten, sprich keine Unterlasser!) sehr wohl gute und schlechte Schulden.

Wenn wir uns über das Gleichnis mit dem Herrn und den Talenten Silbergeld (Matthäus 25,14 ff) beschäftigen, merken wir daß zwei von den Dreien, die vom Herrn Geld anvertraut bekamen, zwar Schulden hatten, diese jedoch investierten, um Einnahmen zu generieren, die sonst in dieser Höhe nicht möglich gewesen wären.

Waren das schlechte oder gute Schulden?

Was ist nun der kleine feine Unterschied?
Es ist recht simpel:

- Gute Schulden:
  Fremdkapital, das durch den Umstand, dass man es investiert, Einnahmen schafft. Mit dem konkret geplanten Ziel verbunden, die Schuld zurückzubezahlen. Gute Schulden können Investitionen ermöglichen, die zukünftig Kosten sparen oder Einkünfte bringen!
- Schlechte Schulden:
  Fremdkapital, das für Konsum eingesetzt und somit verbraucht wird, ohne für Einnahmen zu sorgen. Im Gegenteil: Durch das aufgenommene Fremdkapital entstehen weitere Kosten, die oft mangels konkret geplanter Rückzahlungs-Ziele nicht abbezahlt werden und zu Überschuldung führen können.

(Schlechte) Schulden sind gewissermaßen der Katzenjammer längst vergangener Genüsse.
Georg Weerth (1821 - 1856), deutscher Kaufmann

Wer nicht so recht glauben mag, daß es gute und schlechte Schulden gibt. Übernimm Verantwortung und google mal „schlechte Schulden". Du wirst nach Deiner Recherche auf jeden Fall bewusster mit dem Thema umgehen. Und Du wirst bemerken, daß meine Definition sinnvoll ist. Auch wenn Du künftig auf das Ein oder Andere mit Kreditkarte auf Pump gekaufte Vergnügen verzichten musst.

Mensch, bezahle deine Schulden, lang ist ja die Lebensbahn, und du mußt noch manchmal borgen, wie du es so oft getan.
Heinrich Heine (1797 - 1856)

Denkanstoß

Laut einer renommierten Studie einer Commerzbank-Tochter haben 9 von 10 Millionären Ihr Vermögen durch die Investition in Immobilien gebildet.

Die einzige Möglichkeit Vermögen aufzubauen, ist die Verschuldung in Sachwerten.
Freiherr von Bethmann, Frankfurter Bankier

Gott und Schulden

Gott kann auf übernatürliche Weise Ressourcen zur Verfügung stellen, um Schulden abzuzahlen.

Eine Bitte

Bitte Gott, daß er zu Dir spricht, während Du diese Bibelstelle aus der Elberfelder-Übersetzung liest:

2.Könige 4,1-7, ELB: Und eine Frau von den Frauen der Prophetensöhne schrie zu Elisa: Dein Knecht, mein Mann, ist gestorben, und du hast doch selbst erkannt, dass dein

Knecht den HERRN fürchtete. Nun aber ist der Gläubiger gekommen, um meine beiden Söhne für sich als Sklaven zu nehmen.
Da sagte Elisa zu ihr: Was soll ich für dich tun? Sag mir, was du im Haus hast! Sie sagte: Deine Magd hat gar nichts im Haus als nur einen Krug Öl. Da sagte er: Geh hin, erbitte dir Gefäße von draußen, von all deinen Nachbarinnen, leere Gefäße, aber nicht zu wenige! Dann geh hinein und schließ die Tür hinter dir und hinter deinen Söhnen zu und gieß in all diese Gefäße; und was voll ist, stelle beiseite!
Und sie ging von ihm weg und schloss die Tür hinter sich und hinter ihren Söhnen zu. Während sie ihr die Gefäße reichten, goss sie ein. Und es geschah, als die Gefäße voll waren, da sagte sie zu ihrem Sohn: Reiche mir noch ein Gefäß! Er aber sagte zu ihr: Es ist kein Gefäß mehr da. Da kam das Öl zum Stillstand. Und sie kam und berichtete es dem Mann Gottes, und der sagte: Geh hin, verkaufe das Öl und bezahle deine Schulden! Du aber und deine Söhne, ihr könnt von dem restlichen Öl leben.

Aufgabe

Finde heraus, warum Gott genau diese Witwe so beschenkt und gesegnet hat? Es gibt eine ganz eindeutige Stelle, gleich im ersten Absatz, die Dir das mitteilt.

Ist es nicht wunderbar, daß die Witwe mehr als genug erhielt? Sie konnte nicht nur ihre Schulden bezahlen, sondern sie und ihre Söhne hatten für das restliche Leben genug, um davon zu leben. Eine Art von finanzieller Unabhängigkeit!

Und das obwohl der gottesfürchtige Mann offensichtlich Schulden hinterlassen hatte… Denk mal drüber nach…!

Gottes Weisheit und finanzielle Intelligenz…
Bist Du darauf vorbereitet weise zu investieren? Hast Du die Grundlage geschaffen, um finanziell intelligent zu Handeln? Um vorbildhaft zu Handeln?

> **Aufgabe**
>
> Erstelle einen Aktions-Plan, was jeweils der eine nächste Schritt für Dich ist, um in folgenden Bereichen zu wachsen:

- Finanzielle Bildung
  Mein nächster Schritt: _____
- Gottes Weisheit in Bezug auf meine Finanzen
  Mein nächster Schritt: _____
- Mentoring: Mit wem könnte ich Kontakt aufnehmen, um zu lernen, wie man Gelegenheiten entdeckt und eine persönliche Bilanz aufstellt?
  Mein nächster Schritt: _____

Ich bete, daß Gott Dich positioniert und Dich inspiriert. Ich bete, daß Du mit allem was Dein Leben ausmacht, Jesus nachfolgen kannst und daran glauben lernst, daß Du alles, was er gemacht hat auch tun kannst… Und noch viel mehr! Ich bete, daß Du viel anvertraut bekommst, um enorm viel zu investieren… Ich bete, daß Du Mut hast!

Da sagte Jesus zu ihnen:
»Ich versichere euch: Wenn ihr fest glaubt und nicht zweifelt, könnt ihr auch solche Dinge tun und noch viel mehr als das. Ihr könnt sogar zu diesem Berg sagen: 'Hebe dich empor und wirf dich ins Meer´, und es wird geschehen.
Matth. 21,21 NLB

Wem viel gegeben wurde, von dem wird viel gefordert, und wem viel anvertraut wurde, von dem wird umso mehr verlangt.
Lukas 12,48 NGÜ

Begib´ Dich mit mir gemeinsam nun in die 7. Stufe dieses Buchs…

Eine Bitte vorweg:

Achte darauf, daß Du nun nicht abgelenkt oder müde bist, wenn Du das nächste Kapitel beginnst. So oft begrenzt uns unser Körper, wenn es darum geht ins nächste Level zu gehen.

Sei Dir bitte darüber bewusst, daß sich die Gegenseite die Hände reibt, wenn Du jetzt nicht wach & präsent bist!

Also: Kurz aufstehen! Körper wach klopfen! Nacken massieren... Mehrmals druckvoll ausatmen! Und los geht's!

Stufe 7
Finanzielles Bewusstsein
Mit vollem Gottvertrauen
zum guten Verwalter werden!

Darum sage ich euch:
Macht euch Freunde mit dem Mammon,
an dem so viel Unrecht haftet, damit ihr,
wenn es keinen Mammon mehr gibt,
in die ewigen Wohnungen aufgenommen werdet.

Wer in den kleinsten Dingen treu ist,
ist auch in den großen treu,
und wer in den kleinsten Dingen nicht treu ist,
ist auch in den großen nicht treu.

Wenn ihr also im Umgang mit dem
unrechten Mammon nicht treu seid,
wer wird euch dann das wahre Gut anvertrauen?
Wenn ihr das nicht treu verwaltet, was euch doch gar nicht
gehört, wer wird euch dann euer ´wahres` Eigentum geben?

Ein Diener kann nicht für zwei Herren arbeiten. Er wird dem
einen ergeben sein und den anderen abweisen.
Für den einen wird er sich ganz einsetzen,
und den anderen wird er verachten.
Ihr könnt nicht Gott dienen und zugleich dem Mammon.«
Lukas 16, 9-13 NGÜ

• • •

Was ist „Finanzielles Bewusstsein?"

- Wenn Du im Umgang mit Deinen Finanzen Gottes Weisheit Raum gibst.
- Wenn Du weißt, wer Du bist in Gottes Augen und wo Deine Position ist.
- Wenn Du weißt, daß für Dich und Deine Schulden bezahlt wurde.
- Wenn Du durch dieses Wissen den eigenen Wunsch hast, mit Jesus zu arbeiten und Gott auch mit Deinen Finanzen an erster Stelle zu setzen.
- Wenn Du nichts schuldig bleiben willst und Du bereit bist Dein Geld & Deine Gaben zu investieren, um Gott und seine Ziele voranzubringen.
- Wenn Du weißt, daß Gott die Kontrolle hat, jedoch Du den freien Willen besitzt.
- Wenn Du achtsam investierst und vor jedem finanziellen Schritt im Gebet um Führung bittest.
- Wenn Du das Geld benutzt, um Freunde zu gewinnen, ja Brüder & Schwestern zu gewinnen und nicht daran anhaftest.
- Wenn Du in den kleinen Dingen treu bist und das Große für möglich hältst und an Gottes Versprechen glaubst.
- Wenn Du bereit bist außergewöhnlich zu denken und außergewöhnlich zu handeln
- Wenn Du mit Deinen Ressourcen bereit bist, mit ungeteiltem Herzen Jesus hier auf der Erde sichtbar zu machen.

Das ist „Finanzielles Bewusstsein!"

„Ich sehe Menschen, so auf das Königreich ausgerichtet, dass sie zahlen, was immer es kostet, und beten was immer der Preis ist, damit Erweckung das Land überzieht!"
Pastor Brian Houston

Stell´ Dir vor, wie die Welt heute in 20-25 Jahren aussähe, wenn es unzählige Menschen gäbe, die durch ihren außergewöhnlichen Umgang mit ihren Finanzen ein Segen für ihre Kirchen-Gemeinden und somit für Ihre Mitmenschen sein könnten.

Unzählige Kirchen-Gemeinden, die unverschleiert Jesus als zentrales Element in den Mittelpunkt gestellt haben und ein Segen für Ihre Städte und Regionen wären, weil Sie in aller Ehrlichkeit und Aufrichtigkeit seine Liebe sichtbar machen.

Stell´ Dir vor, daß in unserer Welt dadurch eine Kultur der Ermunterung, der Vergebung und des Mitgefühls entstanden ist und unzählige verantwortungsvolle Menschen (die heute noch Kinder und Jugendliche sind), in den einflussreichen Schlüsselpositionen von Wirtschaft & Politik, in jeder Hinsicht vorbildhaft Handeln!

Stell´ Dir vor, daß zahlreiche Einkommens-Millionäre in jeder Gemeinde mit demütigem Beispiel vorangehen und den Großteil Ihrer Einkünfte in Gottes Reich investieren und so anderen den Mut machen, ihnen nachzufolgen.
Und zwar nicht um die Gemeinden reicher zu machen, mit Verlaub! Sondern um anzuerkennen, daß wir gegenseitig ein

Segen füreinander sein könnten, wenn wir nicht so Angst hätten selbst zu kurz zu kommen.

Stell´ Dir vor, wie Dein Land aufblühen könnte, wenn es mehr „Miteinander", mehr Mut, mehr unternehmerisches Handeln gäbe, das das Haupt-Ziel hätte, einander beim Aufblühen behilflich zu sein.

Stell´ Dir Dein Land vor, wenn es doppelt so viel intakte Ehen & Familien gäbe, doppelt so viel ehrliche und engagierte Menschen, doppelt so viel Freiwillige in Ehrenämtern, doppelt so viel Spendenaufkommen, doppelt so viel aufrichtige Geschäftsleute, die gleichzeitig gute Arbeitgeber sind, und und und…

Was für einen Beitrag könnte dieses Land leisten?
Was für ein Vorbild könnte dieses Land für andere Länder sein?
Wie groß wäre der Unterschied, den wir in einer Welt machen könnten, in der man wieder das Gute im Mitmenschen erkennen möchte und an gesunder Gemeinschaft arbeitet, die die Kraft von Einheit erkannt hat.

> **Aufgabe**
>
> Schreibe die fünf großartigsten Dinge auf, die man aus Deiner Sicht mit Geld machen könnte. Es sollte bei diesen fünf Dingen jedoch nicht um Deine persönlichen Wünsche gehen.

Eine gesunde Kirche & finanzielles Bewusstsein

Eine gesunde Kirche spielt aus meiner Sicht das zentrale Element in einer weiterentwickelten Gesellschaft.

Möglicherweise denkst Du als Leserin oder Leser im Moment, daß „Finanzielles Bewusstsein" doch nicht mit Kirche vermischt sein sollte. Ich möchte Dir erklären, weshalb diese Dinge untrennbar miteinander verbunden sind.

Unser individuelles Bild von Kirche ist sehr stark von unseren Erfahrungen und den Faktoren abhängig, die unser subjektives Bild von Kirche malen.

In dem Moment, in dem wir das Bild von Kirche im Herzen haben, wie Jesus es ursprünglich gemeint hat, kommen wir dem Kern der Sache näher.
Kirche, wie Jesus sie versteht, ist keine Organisation, die eine Religion repräsentiert. Jesus wollte keine weitere Religion institutionalisieren, sondern er wollte uns klarmachen, daß das Idealbild von Kirche eine lebendige Gemeinschaft ist, ein Zuhause, mit der er als „Bräutigam" Hand in Hand geht.
Unser Umgang mit Geld ist untrennbar mit unserem Leben verbunden, solange wir hier auf der Erde sind… Und die Mitglieder dieser lebendigen Gemeinschaft „Kirche" benötigen Finanzen, um die Möglichkeiten zu schaffen unseren Mitmenschen zu dienen, Ihnen Liebe und ihre Zeit zu schenken. Und dies ist nur durch Großzügigkeit und Überfluss möglich…

Ich möchte an dieser Stelle aus Martin Luther King´s letzter Predigt („The drum major instinct") zitieren, weil diese aus meiner Sicht präzise definiert, wie unser aktueller Auftrag lautet:

> We all want to be important, to surpass others,
> to achieve distinction, to lead the parade…
> It's a good instinct if you don't distort it and pervert it.
> Don't give it up.
> Keep feeling the need for being important.
> Keep feeling the need for being first.
> But I want you to be first in love. (Amen)
> I want you to be first in moral excellence.
> I want you to be first in generosity.
> "If you want to be important - wonderful.
> If you want to be recognized - wonderful.
> If you want to be great - wonderful.
> But recognize that he who is greatest among you shall be your servant.
> (Amen) That's a new definition of greatness.
> This is what I want you to do!

Übersetzung ins Deutsche:

> Wir alle wollen, wichtig sein und andere übertreffen,
> uns auszeichnen, um die Parade anzuführen …
> Es ist ein guter Instinkt, wenn Du ihn nicht entstellst
> und verdirbst.
> Gib diesen Instinkt nicht auf!
> Bleib diesem Gefühl wichtig zu sein treu!
> Bleib diesem Gefühl Erster sein zu wollen treu!

> Aber ich möchte, dass Du der Erste in der Liebe bist! (Amen)
> Ich möchte, daß Du der Erste in moralischer Vortrefflichkeit bist.
> Ich möchte, daß Du der Erste in Großzügigkeit bist.

Wenn du wichtig sein willst – wunderbar!
Wenn Du bemerkt werden willst – wunderbar!
Wenn Du großartig sein möchtest – wunderbar!
Aber erkenne, daß der Größte unter euch, euer Diener sein soll!
(Amen)
Das ist eine neue Definition von Größe.
Das ist, was ich möchte, daß Ihr tut!

<u>Bei finanziellem Bewusstsein geht es doch nicht zentral um Geld!</u> Es geht darum, daß wir eine Offenbarung davon haben, wer wir wirklich sind und was wirklich unsere zentrale Aufgabe ist.

Es geht darum weise zu sein und diesen Teil unseres Lebens nicht zu ignorieren oder auszublenden, der uns besonders herausfordert, weil er so viel potenzielle Versuchung beinhaltet. Wenn wir akzeptieren können, daß es Menschen unter uns gibt, die besondere Gaben wie z.B. Musizieren haben, dann sollten wir auch akzeptieren, daß es Mitglieder unserer Kirchenfamilie gibt, die sich dem Thema Finanzen besonders annehmen, weil Sie eine Begabung in diesem Zusammenhang haben.
Bittet also den Herrn der Ernte,
Arbeiter für seine Ernte auszusenden. Matth. 9, EÜ

Wer soll denn die Arbeiter mit Ressourcen versorgen?! Es ist Gott und er arbeitet mit Menschen zusammen… Und diese Menschen geben jeweils das, was Sie am besten geben können. Oder sollte jeder versuchen zu predigen, nur weil dies für besonders heilig angesehen wird?

Stellt Euch das Gedränge an der Kanzel vor und die Leere in allen anderen Bereichen, in denen Gott will, daß wir unsere Gaben entfalten und investieren…

Gesetze des wahren Reichtums

Es gibt Gesetze des Wohlstands, die alle Menschen für sich in Anspruch nehmen können.

1. **Das Gesetz der Weisheit Gottes**
   Glücklich ist jeder, der dem Herrn gehorcht und nach seinen Weisungen lebt! Was du dir erarbeitet hast, wirst du auch genießen können. Es geht dir gut, und das Glück ist auf deiner Seite. Psalm 128,2 HFA

2. **Das Gesetz der Priorität (Wichtigkeit)**
   Über dieses Gesetzbuch sollst du immer reden und Tag und Nacht darüber nachsinnen, damit du darauf achtest, genau so zu handeln, wie darin geschrieben steht. Dann wirst du auf deinem Weg Glück und Erfolg haben. Josua 1-8, EÜ

3. **Das Gesetz des Beweggrunds**
   Der Mensch hält alles, was er tut, für richtig; der Herr aber prüft die Beweggründe. Sprüche 16,2 GNB

4. **Das Gesetz der Großzügigkeit**
   Wir erleben Dinge, die uns traurig machen, und sind doch immer voll Freude. Wir sind arm und machen

doch viele reich. Wir besitzen nichts, und doch gehört uns alles. 2. Korinther 6,10 NGÜ

Wer anderen Gutes tut, dem geht es selber gut; wer anderen hilft, dem wird geholfen. Sprüche 11,25 HFA

5. Das Gesetz des Verstehens, was Gott will

Herr, zeig mir den Weg, den ich gehen soll; lass mich erkennen, was du von mir verlangst. Lehre mich, in Treue zu dir mein Leben zu führen. Du bist doch der Gott, bei dem ich Hilfe finde; auf dich hoffe ich zu jeder Zeit. Psalm 25,4-5 GNB

6. Das Gesetz der Vorbereitung

Wenn sich jemand von Menschen fern hält, die einem Gefäß mit unreinem Inhalt gleichen, wird er ein Gefäß sein, das ehrenvollen Zwecken dient. Er steht Gott zur Verfügung und ist ihm, dem Hausherrn, nützlich, bereit all das Gute zu tun, ´das dieser ihm aufträgt`. 2. Timotheus 2,21 NGÜ

7. Das Gesetz der Bewahrung

Gott selbst, der Gott des Friedens, helfe euch, ein durch und durch geheiligtes Leben zu führen. Er bewahre euer ganzes ´Wesen` – Geist, Seele und Leib –, damit, wenn Jesus Christus, unser Herr, wiederkommt, nichts an euch ist, was Tadel verdient. 1. Thessalonicher 5,23 NGÜ

Wenn wir **Wohlstand** suchen in Körper, Geist und Seele werden wir enger mit Gott verbunden sein. Und wir werden seinen Willen für unser Leben besser verstehen können.

Wenn Du Dich fragst, wie Du finanzielles Bewusstsein erlangen kannst, empfehle ich Dir den einen nächsten Schritt zu tun: **Beten!**

Wie oft versuchen wir uns aus unserer Ameisen-Perspektive heraus Überblick zu verschaffen! Um wirklich mit Jesus verbunden und in Abstimmung mit Gottes Wort unseren Auftrag zu erkennen und zu erfüllen benötigt es mehr als unsere geradlinigen Gedanken und Pläne.

Aufgabe

Bitte gehe die nachfolgende kleine Check-Liste durch und beantworte für Dich, ob Du Erfahrungen in diesen Themenbereichen gesammelt hast

(Ich meine also nicht, daß Du darüber gelesen hast oder davon gehört hast).

- *Beten mit dem Fokus auf Dank & Lobpreis*
  Erfahrung ☐ Ja! ☐ Nein!
- *Biblisches Fasten*   Erfahrung ☐ Ja! ☐ Nein!
- *Meditation*   Erfahrung ☐ Ja! ☐ Nein!
- *Bibel-Arbeit*   Erfahrung ☐ Ja! ☐ Nein!
- *Dinge über Dein Leben aussprechen*
  Erfahrung ☐ Ja! ☐ Nein!
- *Finanzielle Bildung*   Erfahrung ☐ Ja! ☐ Nein!
- *Aktive Kontrolle über Gedanken übernehmen*
  (nicht Opfer der eigenen Emotionen und Gedanken sein)
  Erfahrung ☐ Ja! ☐ Nein!

Sicher hast Du Dich beim ein oder anderen Punkt auf der obenstehenden Check-Liste gefragt, was ich genau damit meine oder warum ich das in diesem Zusammenhang frage.

Wir alle sind schöpferisch tätig, wenn wir es zulassen.
Wenn wir es akzeptieren, daß wir ausgestattet mit dem freien Willen und Gottes Hilfe außergewöhnlich denken und handeln können, sollten wir uns darüber bewusst sein, welche Werkzeuge wir hierfür erhalten haben.
Wir haben die Wahl diese zu ignorieren, einen Teil davon zu verwenden oder alle zum Einsatz zu bringen…

Stichwort „Gedanken"

Gibst Du mir recht, wenn ich behaupte, daß wir oft durch unsere Tagesform, unsere Gedanken und unsere aktuelle Lebenszeit sehr subjektiv in unserer Wahrnehmung sind?

Was ich dir jetzt rate, ist wichtiger als alles andere: Achte auf deine <u>Gedanken und Gefühle</u>, denn sie beeinflussen dein ganzes Leben! Sprüche 4,23 HFA

Unsere Gedanken sind nicht grundsätzlich immer unsere ureigenen Gedanken. Oft ist es etwas, das in unserem Unterbewusstsein „herumblubbert" und nicht aktiv durch unseren freien Willen und durch unsere Achtsamkeit gelenkt wird. Wenn man körperlich krank ist, ist man oft logischerweise z.B. nicht so optimistisch, wie man es im gesunden Zustand wäre.

Was sagt die Gehirnforschung dazu?
…„Ihr emotionaler Zustand beeinflusst auch Ihr Immunsystem. Wenn Sie negative Emotionen wie Stress empfinden, wird Ihr Immunsystem unterdrückt. Dadurch kann Ihr Körper Krebszellen, aber auch Viren oder Bakterien schlechter bekämpfen. Angst ist die Wurzel von Stress. Untersuchungen zeigen, dass Angst mehr als 1.400 physische und chemische Reaktionen im Körper auslöst und mehr als 30 verschiedene Hormone und Neurotransmitter freisetzt, die durch den ganzen Körper fließen.
Angst ist also eine geistige Kraft. Wenn Gedanken der Furcht Ihren Verstand überfallen, reagieren Sie darauf bis in

die Zell- Ebene! Das kann Ihre Zellen verändern und schädigen. Auch andere negative Emotionen können Schaden anrichten: Wut, Hass, Minderwertigkeitskomplexe, Bitterkeit und dergleichen.

Um giftige Reaktionen zu vermeiden kommen wir nicht daran vorbei, uns mit diesen Gefühlen und ihren Wurzeln zu beschäftigen. Wer das vernachlässigt, muss sich möglicherweise auf körperliche Konsequenzen einstellen, wie z. B. Verspannungen, hoher Blutdruck, Migräne, Herzversagen, Schlaganfall, Krebs, Asthma, Allergien, Hautprobleme, autoimmune Krankheiten, Magengeschwüre und mehr. Auf der psychischen Ebene können auftreten: Depressionen, Phobien, Panikattacken, chronisches Erschöpft sein, Konzentrationsschwächen usw.

Glaube und Vertrauen dagegen setzen gute chemische Stoffe frei, beruhigen und vitalisieren den Körper. Zu den Emotionen, die auf Glauben basieren, gehören: Liebe, Freude, Frieden, Freundlichkeit, Sanftmut, Selbstbeherrschung und Geduld.   *Zitat: Dr. Caroline Leaf, cognitive neuroscientist*

Was sagt die Bibel dazu?

> Deshalb orientiert euch nicht am Verhalten und an den Gewohnheiten dieser Welt, sondern lasst euch von Gott durch Veränderung eurer <u>Denkweise</u> in neue Menschen verwandeln. Dann werdet ihr wissen, was Gott von euch will: Es ist das, was gut ist und ihn freut und seinem Willen vollkommen entspricht. *Römer 12,2 NLB*

Wenn dieser Themenbereich neu für Dich ist, recherchiere doch mal nach. Die Neurowissenschaftlerin (und Christin) Dr. Caroline Leaf hat in jahrzehntelanger Arbeit fundierte Herangehensweisen für die Menschen zusammengestellt, die aktiv die Kontrolle in die Hand nehmen möchten. Sie hat sogar eine APP entwickelt, die ich nur wärmstens empfehlen kann.

> **Lesetipp:**
> Wer hat mein Gehirn ausgeschaltet? (Buch in deutsch erhältlich!)
> www.drleaf.net, App: http://21daybraindetox.com

Mitentscheidend für „Finanzielles Bewusstsein" ist die Art & Weise, wie Du denkst, bzw. ob Deine Gedanken eher ungesund oder gesund sind.
Es liegt in Deinem Einflußbereich und es ist Deine Verantwortung, ob Du die Kontrolle über Deine Gedankenwelt übernimmst und sie steuerst. Denn: Kein Gedanke sollte von Dir ungeprüft Einzug in Dein Leben halten…

Stichwort „Biblisches Fasten"

Du fragst Dich, was finanzielles Bewusstsein und Fasten miteinander zu tun haben? Eine Menge! Fasten ist ein Bestandteil des christlichen Lebens. Wenn das neu für Dich ist, gebe ich Dir einen geflügelten Begriff an die Hand: Das dreikordelige Seil des Christen ist Geben, Beten und Fasten!

> *Das Gebet ist die mächtigste Kraft des Universums, die dem Gläubigen zur Verfügung steht. Ein segensreicher Fortschritt in der Gemeinde des Herrn wird in dem Maße einsetzen, als Christen beten und fasten!*
> *Aus der Website von: Christian Assemblies of God*

Biblisches Fasten ist die Kombination von Gebet und Verzicht auf Nahrung! Wenn Du Deine persönliche Beziehung mit Jesus vertiefen willst, empfehle ich Dir, das zu tun, was er und viele andere große Persönlichkeiten aus der Bibel getan haben: Fasten!

> **Denkanstoß**
>
> Indem Du Dich über Deine persönlichen Grundbedürfnisse, wie z.B. Nahrungsaufnahme erhebst, bekommst Du auch eine übergeordnete Sicht von Versorgung, bzw. der Macht, die Geld über Dein Leben haben kann.

Ich will Dir an dieser Stelle bewusst nicht aufzählen, welch sagenhafte Versprechen in Zusammenhang mit Fasten in der Bibel stehen. Und doch will ich Deine kindliche Neugier anregen, selbst im Detail nachzuforschen.

Wenn wir unsere Augen von den (fleischlichen) Dingen der Welt abwenden, können wir uns besser auf Jesus fokussieren. Fasten ist nicht da, um von Gott etwas zu bekommen. Fasten ändert uns und füllt uns auf eine tiefgehende Weise. Biblisches Fasten ist kein Weg, um geistlicher als andere zu erscheinen.
Ich bin der festen Überzeugung, daß Du Dein Fasten mit einem bestimmten Ziel verbinden sollst. Wenn Du Jesus während Deiner Fastenzeit z.B. um Weisheit in finanziellen Belangen bittest, wird er Dir Stück um Stück das schenken können, das ich finanzielles Bewusstsein nenne.

Freuen dürfen sich alle, die danach hungern und dürsten, dass sich auf der Erde Gottes gerechter Wille durchsetzt – Gott wird ihren Hunger stillen.
Matthäus 5,6, GNB

Eindrucksvoller Nebeneffekt des Fastens kann körperliche Regeneration und höhere Grundenergie, sowie auch Konzentration sein.
Wenn Du erste Erfahrungen mit Biblischem Fasten machen möchtest, empfehle ich Dir persönlich ein 3-tägiges Vollfasten, während dem Du nur Getränke zu Dir nimmst.

Ideal ist es, während dieser Zeit einen räumlichen Wechsel an einen ruhigen Ort zu vollziehen und jegliche Fremdbestimmung durch Mobiltelefon, PC & Co. auszuschalten. Zeit mit der Bibel, Bewegung an der frischen Luft, Gebete und „Worship" sind die Rahmenbedingungen, die ich für optimal halte.
Lies während dieser drei Tage außer der Bibel dieses Buch:

> **Lesetipp**
>
> ***Fasting > Opening the door to a deeper, more intimate, more powerful relationship with God***
>
> von Dr. Jentezen Franklin, Bezugshinweis: Siehe Anhang!

Stichworte „Bibel-Arbeit & Meditation"

Ich weiß nicht wie Du die Bibel liest und ich weiß auch nicht, was Du genau unter „Meditation" verstehst. Eines weiß ich jedoch: Die Bibel ist „Gottes Wort" und Sie ist weit mehr als eine Ansammlung von Geschichten, viel mehr als ein Weisheitsbuch, viel mehr als ein von Menschen zusammengetragenes Werk.

Die Bibel ist Gottes Wort und da unser Gott lebendig ist, ist es ein lebendiger Gott, der durch die Bibel zu uns sprechen kann, wenn wir es zulassen. Und das tut er weit intensiver, als nur durch den rein aneinandergereihten Text, dem wir gerade unsere hoffentlich ungeteilte Beachtung schenken.

Gott spricht zwischen den Zeilen zu uns. Er liebt es, wenn wir die Wahrheit suchen und wenn wir uns gezielt zu einem Thema mit seinem Wort beschäftigen. Und aus diesem Grund ist aus meiner persönlichen Sicht die Bibel nicht einfach nur etwas, das man mit persönlichem Abstand liest, sondern etwas, mit dem man arbeiten kann.
Und durch den Umstand, daß wir bereit sind Gottes Weisungen & Botschaften durch sein Wort zu empfangen, entsteht für jeden Menschen individuell ein Erlebnis, das weit über die reinen Texte hinausgeht.
Hast Du Dich z.B. schon einmal mit Übersetzungs-Varianten beschäftigt und diese miteinander verglichen?
Das ist hochgradig spannend!

Aufgabe:

- Öffne auf Deinem Computer die Internetseite www.bibleserver.com
- Bete bitte um Gottes Führung & Inspiration durch sein Wort.
- Sieh Dir folgende Bibelstelle an: 1. Korinther 2,12-13

Vergleiche versch. Übersetzungs-Varianten dieses Bibelverses z.B. aus Neue Genfer Übersetzung, Schlachter 2000, Luther-Übersetzung, Gute Nachricht-Übersetzung), indem Du das Vergleichs-Tool dieser Interseite nutzt und mehrere Übersetzungen nebeneinander betrachten kannst.

- Was merkst Du, wenn Du diesen Bibelvers durcharbeitest?

Wenn Du vorher noch nie mit Meditation Erfahrungen gesammelt hast, hast Du jetzt die erste Erfahrung bewusst gemacht. Es gibt viele Meditations-Formen.
Ich persönlich empfehle Dir Dich hellwach auf das Wort Gottes als Meditations-Grundlage zu fokussieren…
Gott spricht auch noch heute!

*Wir haben aber nicht den Geist dieser Welt erhalten,
sondern den Geist, der von Gott kommt.
Darum können wir erkennen, was Gott uns geschenkt hat.
Davon reden wir nicht in Worten,
wie sie menschliche Weisheit lehrt,
sondern in Worten, die der Geist Gottes eingibt.
Von dem, was Gott uns durch seinen Geist offenbart, reden wir so, wie sein Geist es uns lehrt. 1. Korinther 12-13 GNB*

Jesus will Dein Gebiet erweitern! Er wünscht sich, daß Du in tiefe Wasser gehst und beginnst, ihm in einer neuen Dimension zu vertrauen und zu glauben.
Er möchte der Mittelpunkt Deines Lebens sein, möchte das Oberhaupt Deiner Firma, Deiner Familie und Deines Wirkens sein.

Er liebt es, wenn Du aufblühst und beginnst Gottes Wort als Orientierung zu verwenden. Er liebt es, wenn Du sein Wort als Werkzeug benutzt, um ein außergewöhnliches Leben zu leben. Dein Umgang mit Finanzen spielt hierbei auf der Erde schlichtweg ein wichtige Rolle.
Jedoch gibt es Wichtigeres. Klar!

Lasse Dich einfügen in Gottes großen Plan und erhebe Dich über die Macht, die das Geld in Deinem Leben haben kann.
Erhebe Dich über die Gier nach Geld!
Erhebe Dich über die Ignoranz von Geld!
Erhebe Dich über den Mangel von Geld!
Nimm Deinen Platz ein und blühe in jeder Hinsicht auf!
Nimm Deinen Platz als weiser Verwalter ein und schaffe den Überfluss, zu dem Gott Dich aufgerufen hat.
Mache für andere ein Leben im Licht von Gottes Wahrheit und der Großzügigkeit & Liebe von Jesus Christus möglich, indem Du das einsetzt, das Du von Gott als Gabe geliehen bekommen hast…

Sei ein mutiger Pionier, der irgendwann stolz auf das zurückblicken kann, was sich Leben nennen darf. Lass es nicht einfach nur ein Existieren, ein Überleben sein. Gehe in den Modus eines außergewöhnlichen Lebens und werde mit vollem Gottvertrauen zum weisen Verwalter!
Lass es nicht zu, daß man Dir die Träume stiehlt, die Dir ins Herz gelegt wurden, als Du noch nicht an die Themen „Rechnungen bezahlen, Rücklagen bilden, Altersvorsorge aufbauen, usw." gedacht hast.

> *Der Dieb kommt nur,*
> *um zu stehlen, zu töten und zu verderben;*
> *ich bin gekommen, damit sie das Leben haben*
> *und es im Überfluss haben.*
> *Johannes 10,10 SLT*

Übernimm die Verantwortung für Deine Finanzen und alle andere Lebensbereiche, die Du jonglieren musst und erkenne an, daß es ohne Gottes Hilfe ein Ding der Unmöglichkeit ist, dies alles richtig zu machen.

An dieser Stelle möchte ich die Worte von Pastor Brian Houston zitieren:

„Alles was Du und ich brauchen, um unser Leben voll auszuschöpfen, unser volles Potenzial zu entfalten, zu sehen, wie unsere Träume Wirklichkeit werden, um ein Teil der Lösung für diese Welt und nicht ein Teil des Problems zu sein, können wir in Gottes Wort und in der Beziehung zu Jesus finden!"

Du willst außergewöhnlich gut mit Deinen Finanzen umgehen? Du willst Überfluss & Reichtum erwirtschaften?
Sehr gut!

Vergiss´ aber bitte nie dabei, wer Dich mit diesen Gaben und noch viel mehr ausstatten kann.

Und vergiss´ bitte nie, was Deine Aufgabe in Gottes großem Plan ist…

Schärfe denen, die es in dieser Welt zu Reichtum gebracht haben, ein, nicht überheblich zu sein und ihre Hoffnung nicht auf etwas so Unbeständiges wie den Reichtum zu setzen, sondern auf Gott; denn Gott gibt uns alles, was wir brauchen in reichem Maß und möchte, dass wir Freude daran haben.

Ermahne sie, Gutes zu tun, freigebig zu sein und ihren Besitz mit anderen zu teilen. Wenn ihr Reichtum in solchen Taten besteht, ist das im Hinblick auf ihre Zukunft eine sichere Kapitalanlage, und sie werden das wahre Leben gewinnen.
I. Timotheus 6, 17-19

Epilog

"Reich wird man nicht durch das Geld, das man einnimmt. Reich wird man durch das, was man investiert."
DC Conrad

Ich danke Dir, daß Du Dich bis zu diesem Punkt des Buchs vorgearbeitet hast. Dieses Buch kann der Beginn einer Reise für Dich sein. Der Beginn deshalb, weil man immer dann, wenn man etwas weiß, merkt daß man so gut wie nichts weiß!

Begebe Dich aktiv auf die Reise und bleibe in Bewegung, indem Du jede Woche einen kleinen entscheidenden Schritt in die richtige Richtung machst.

- In einer Woche ist der Fokus z.B. finanzielle Bildung, indem Du ein Finanz-Buch liest oder zu einem Cashflow-Club in Deiner Nähe gehst.
- In der anderen Woche beschäftigst Du Dich mit Gottes Wort.
- In einer anderen Woche definierst Du neue Einnahmen- und Ausgaben-Ziele.
- In einer anderen Woche bittest Du aktiv um Versorgung, um noch mehr geben, investieren zu können.
- In einer anderen Woche besuchst Du ein Seminar oder einen Workshop zum Thema.

- In einer anderen Woche recherchierst Du gezielt nach gesunder christlicher Literatur und lässt Dich füllen.
- In einer anderen Woche fastest Du und streckst Dich im Gebet nach Jesus aus.
- In einer anderen Woche beginnst Du voller Gottvertrauen zu investieren.
- In einer anderen Woche tauschst Du Dich mit Gleichgesinnten aus und Ihr sprecht gegenseitig Leben in Eure Situation und Eure Ziele.
- Begib Dich auf die Reise und bleibe in Bewegung!

Jesus wartet auf Deine mutigen Gebete und er liebt es mit Dir in dieser Welt noch mehr von Gottes Reich sichtbar zu machen.

Du hast die Wahl, wie Du investierst. Und Du hast eigentlich keine Wahl in diesem Leben nicht zu investieren!

Investiere alle Deine Gaben & Talente!

Investiere Dein Leben und verbringe es nicht nur…

Sei Dir der Verantwortung bewusst, die Du als „Verwalter im Kleinen" übertragen bekommen hast.

Mache Wachstum möglich!

Bringe Menschen zum Aufblühen!

Und vertraue darauf, daß Gott Dich mit allem versorgen wird, was Du für dieses Leben benötigst!

Gott will nicht, daß Du riskant lebst. Und doch will er, daß Du ihm mehr vertraust als Du Deinen eigenen Kräften!

Sei bereit zu Lieben und zu Dienen und großzügig zu sein!

Ende

Finanz-Seminare

Um Menschen & Gemeinden beim Wachstum zu unterstützen, biete ich neben festen Terminen auf Anfrage Seminare & Workshops zu Wunsch-Terminen an.

Bitte setzen Sie sich mit mir in Verbindung, um Details zu besprechen. Ich werde mir größte Mühe geben auch für Sie ein Segen zu sein!

Ich lege größte Sorgfalt an den Tag, wenn es darum geht dieses wichtige Thema so zu vermitteln, daß Gottes Ziele & Jesus Christus als Vorbild und Leiter im Vordergrund stehen. Durch fundiertes Schulungsmaterial und eine bibelbasierte Vorgehensweise garantiere ich die Achtsamkeit, die bei dem Thema „Finanzen & Ressourcen" wichtig ist.

Bitte nehmen Sie Kontakt mir auf:
Email: Dieter@DC-Conrad.com
www.DC-Conrad.com

Anhang
Quellen & Ressourcen, um Dich auszurüsten

Seminare & Workshops
rund um das Thema finanzielle Bildung: www.dc-conrad.com

Persönliche Beratung
RealValue-Coaching rund um das Thema „Aufbauen von echten Werten" www.dc-conrad.com

Kostenlose APP von DC Conrad

oder über: http://conrad.webapp.jkv-onliner.de
(jeweils zum Speichern einfach dem HOME-Bildschirm hinzufügen)

Cashflow-Clubs
Auf der ganzen Welt gibt es Cashflow-Clubs, die das von Robert Kiyosaki entwickelte Spiel einsetzen. Mit dem Geld-Lern-Spiel „Cashflow" kannst Du im Rahmen eines Spielabends finanzielle Bildung betreiben.
www.richlife.de/cashflowclubs/clubs
www.cashflow-club-konstanz.de
www.facebook.com/Cashflowclub.Konstanz.Bodensee

Buchtipps:

- **Rich Dad, Poor Dad**
  Was die Reichen ihren Kindern über Geld beibringen
  Robert Kiyosaki, Goldmann-Verlag

- **Biblical Finance**
  Reflections on Money Wealth and Possessions
  Mark Lloydbottom, Crown Financial Ministries

- **Dave Ramsey's Complete Guide to Money**
  The Handbook of Financial Peace University
  Dave Ramsey, Lampo Press

- **How To Maximise Your Life**
  Brian Houston, Verlag: Hillsong

- **Fasting**
  Opening the Door to a Deeper, More Intimate, More Powerful Relationship with God
  Dr. Jentezen Franklin, Goldmann-Verlag

- **Wer hat mein Gehirn ausgeschaltet?**
  Toxische Gedanken und Emotionen überwinden
  Dr. Caroline Leaf, Überwinder Verlag

- **Leben mit Vision**
  Wozu um alles in der Welt lebe ich?
  Dr. Rick Warren, Verlag: Gerth Medien

- **Mit Gott rechnen**
  Dick Towner & John Tofilon, Verlag: Gerth Medien

- **Geschaffen für ein außergewöhnliches Leben**
  John Bevere, Verlag: Adullam Verlag

- **Hauptsache Eigentum**
  Jürgen Rossegger, ISBN 9783934784246

Bibel-Quellen

Folgende Bibel-Übersetzungen kommen in diesem Buch zum Einsatz:

- Schlachter 2000
- Neue Genfer Übersetzung   NGÜ
- Gute Nachricht Bibel   GNB
- Einheitsübersetzung   EÜ
- Luther 1984
- Elberfelder Bibel   ELB
- Hoffnung für alle   HFA
- Neues Leben. Die Bibel   NLB